交通运输行业高层次人才培养项目著作书系

大跨桥梁吊索安全评估理论与方法

冯兆祥　孙传智　缪长青　编著

人民交通出版社

北京

内 容 提 要

本书共分 10 章,主要内容包括:绪论、桥梁拉吊索典型病害与成因、桥梁缆索钢丝电化学腐蚀研究、桥梁缆索环境腐蚀当量关系研究、大跨桥梁吊索钢丝力学性能、桥梁吊杆的疲劳分析、桥梁吊索腐蚀疲劳评估研究、大跨桥梁吊索钢丝腐蚀疲劳寿命评估、大跨公路桥梁交通流模拟和吊杆应力时程、吊杆疲劳可靠度分析等。

本书可供桥梁设计、施工及管理养护人员使用,也可供相关专业科研人员参考。

图书在版编目(CIP)数据

大跨桥梁吊索安全评估理论与方法 / 冯兆祥,孙传智,缪长青编著. — 北京：人民交通出版社股份有限公司,2024.11

ISBN 978-7-114-18966-1

Ⅰ. ①大… Ⅱ. ①冯… ②孙… ③缪… Ⅲ. ①长跨桥—悬索桥—安全评价 Ⅳ. ①U448.43

中国国家版本馆 CIP 数据核字(2023)第 165667 号

Dakua Qiaoliang Diaosuo Anquan Pinggu Lilun yu Fangfa

书　　名：	大跨桥梁吊索安全评估理论与方法
著 作 者：	冯兆祥　孙传智　缪长青
责任编辑：	李　农　石　遥　刘永超
责任校对：	赵媛媛　刘　璇
责任印制：	刘高彤
出版发行：	人民交通出版社
地　　址：	(100011)北京市朝阳区安定门外外馆斜街 3 号
网　　址：	http://www.ccpcl.com.cn
销售电话：	(010)85285857
总 经 销：	人民交通出版社发行部
经　　销：	各地新华书店
印　　刷：	北京市密东印刷有限公司
开　　本：	787×1092　1/16
印　　张：	12.25
字　　数：	228 千
版　　次：	2024 年 11 月　第 1 版
印　　次：	2024 年 11 月　第 1 次印刷
书　　号：	ISBN 978-7-114-18966-1
定　　价：	90.00 元

(有印刷、装订质量问题的图书,由本社负责调换)

交通运输行业
高层次人才培养项目著作书系

编审委员会

主　任：杨传堂

副主任：戴东昌　周海涛　徐　光　王金付
　　　　陈瑞生(常务)

委　员：李良生　李作敏　韩　敏　王先进
　　　　石宝林　关昌余　沙爱民　吴　澎
　　　　杨万枫　张劲泉　张喜刚　郑健龙
　　　　唐伯明　蒋树屏　潘新祥　魏庆朝
　　　　孙　海

书系前言
PREFACE OF SERIES

进入21世纪以来,党中央、国务院高度重视人才工作,提出人才资源是第一资源的战略思想,先后两次召开全国人才工作会议,围绕人才强国战略实施做出一系列重大决策部署。党的十八大着眼于全面建成小康社会的奋斗目标,提出要进一步深入实践人才强国战略,加快推动我国由人才大国迈向人才强国,将人才工作作为"全面提高党的建设科学化水平"八项任务之一。十八届三中全会强调指出,全面深化改革,需要有力的组织保证和人才支撑。要建立集聚人才体制机制,择天下英才而用之。这些都充分体现了党中央、国务院对人才工作的高度重视,为人才成长发展进一步营造出良好的政策和舆论环境,极大激发了人才干事创业的积极性。

国以才立,业以才兴。面对风云变幻的国际形势,综合国力竞争日趋激烈,我国在全面建成社会主义小康社会的历史进程中机遇和挑战并存,人才作为第一资源的特征和作用日益凸显。只有深入实施人才强国战略,确立国家人才竞争优势,充分发挥人才对国民经济和社会发展的重要支撑作用,才能在国际形势、国内条件深刻变化中赢得主动、赢得优势、赢得未来。

近年来,交通运输行业深入贯彻落实人才强交战略,围绕建设综合交通、智慧交通、绿色交通、平安交通的战略部署和中心任务,加大人才发展体制机制改革与政策创新力度,行业人才工作不断取得新进展,逐步形成了一支专业结构日趋合理、整体素质基本适应的人才队伍,为交通运输事业全面、协调、可持续发展提供了有力的人才保障与智力支持。

"交通青年科技英才"是交通运输行业优秀青年科技人才的代表群体,培养选拔"交通青年科技英才"是交通运输行业实施人才强交战略的"品牌工程"之一,1999年至今已培养选拔282人。他们活跃在科研、生产、教学一线,奋发有为、锐意进取,取得了突出业绩,创造了显著效益,形成了一系列较高水平的科研成果。为加大行业高层次人才培养力度,"十二五"期间,交通运输部设立人才培养专项经费,重点资助包含"交通青年科技英才"在内的高层次人才。

  人民交通出版社以服务交通运输行业改革创新、促进交通科技成果推广应用、支持交通行业高端人才发展为目的,配合人才强交战略设立"交通运输行业高层次人才培养项目著作书系"(以下简称"著作书系")。该书系面向包括"交通青年科技英才"在内的交通运输行业高层次人才,旨在为行业人才培养搭建一个学术交流、成果展示和技术积累的平台,是推动加强交通运输人才队伍建设的重要载体,在推动科技创新、技术交流、加强高层次人才培养力度等方面均将起到积极作用。凡在"交通青年科技英才培养项目"和"交通运输部新世纪十百千人才培养项目"申请中获得资助的出版项目,均可列入"著作书系"。对于虽然未列入培养项目,但同样能代表行业水平的著作,经申请、评审后,也可酌情纳入"著作书系"。

  高层次人才是创新驱动的核心要素,创新驱动是推动科学发展的不懈动力。希望"著作书系"能够充分发挥服务行业、服务社会、服务国家的积极作用,助力科技创新步伐,促进行业高层次人才特别是中青年人才健康快速成长,为建设综合交通、智慧交通、绿色交通、平安交通做出不懈努力和突出贡献。

交通运输行业高层次人才培养项目
著作书系编审委员会
2014年3月

作者简介

AUTHOR INTRODUCTION

冯兆祥，工学博士，研究员级高工。长期从事大型交通基础设施的技术研究与建设管理工作，负责并参与了江阴长江大桥、润扬长江大桥、泰州长江大桥等特大桥梁建设与科研攻关。曾被评为全国交通系统科技先进工作者，江苏省突出贡献中青年专家，享受国务院政府特殊津贴，全国交通工程设施(公路)标准化技术委员会第四、五届委员，曾获国家科技进步二等奖、省部级科技进步奖等。

孙传智，工学博士，宿迁学院教授。主要研究方向为大跨桥梁承载力评估和工程结构抗震。江苏高校青蓝工程中青年学术带头人、江苏省"333高层次人才"第三层次人才、江苏省第十二批"六大高峰"人才。近年主持并完成"333"人才项目、省教育厅自然科学基金项目、市科技支撑计划项目多项，参与完成省自然科学基金、国家自然科学基金多项。在国内外核心期刊和国际会议发表论文30余篇。

缪长青，工学博士，东南大学教授，博士生导师。主要从事工程结构健康监测与评估、工程结构环境腐蚀疲劳与耐久性等方向研究。主持完成了科技支撑计划、国家自然科学基金等国家和省部级项目十多项，并主持完成了泰州长江大桥、润扬长江大桥等重特大工程科研项目50余项。在国内外核心期刊和国际会议发表论文100余篇，获省部级一等奖2项。

前 言
PREFACE

大型桥梁往往是交通的咽喉要道，是交通运输系统中的枢纽工程，在国民经济中起着举足轻重的作用。缆索承重型桥梁具有良好的跨越能力，是现代大跨桥梁的主要结构形式。改革开放以来，随着经济的快速发展，我国已建成几十座具有代表性的大跨度缆索承重型桥梁，包括悬索桥、斜拉桥等。

随着大跨桥梁交通流量及重车数量不断增加，在车辆荷载、环境侵蚀、材料老化等因素共同作用下，桥梁结构不可避免地发生损伤累积和抗力衰减，极端情况下还易引发灾难性的突发事故。拉吊索是悬索桥、斜拉桥及系杆拱桥的重要承重构件之一，其服役可靠性直接影响桥梁的安全性。缆索承重型桥梁服役期出现的一系列恶性结构安全事故，使得桥梁缆索腐蚀疲劳性能和剩余寿命评估问题受到高度关注。

本书从桥梁整体结构体系及全寿命周期的思想出发，对国内大跨桥梁吊索病害、吊索性能退化规律、养护检测技术手段等进行了梳理归纳，结合国内大跨桥梁现场调查、学术交流、吊索检测试验等方法，对于大跨桥梁吊索承载力退化规律与安全评估技术进行了系统的研究阐述。主要内容包括：①分析了运营环境下大跨桥梁缆索损伤病害特征及病害损伤分布规律，提出了桥梁缆索腐蚀损伤的表征模型。②通过试验研究和理论分析，对于缆索高强钢丝蚀坑分布、锈蚀钢丝力学性能与剩余寿命、缆索破坏机理等问题进行了系列研究。③研究分析了钢丝主要力学性能随腐蚀程度的变化规律，建立了钢丝力学性能指标与蚀坑参数之间的关系，提出了吊索承载力安全性能评估的工程断裂力学方法。④结合大跨桥梁健康监测系统数据，研究了交通荷载、环境荷载等的概率分布特性，提出了大跨桥梁交通荷载模型及吊索疲劳荷载谱编制方法，建立了大跨桥梁缆索耐久性评估方法。

近20多年来，作者先后参加了江阴长江公路大桥、润扬长江大桥、泰州大桥、洛阳瀍洲大桥、杭州湾跨海大桥、烟台夹河大桥等特大型桥梁工程建设养护科研与工程实践。负责和参与了国家科技支撑计划项目、国家自然科学基金项目、江苏省自然科学基金等国家及省部级基金项目。

参加本书编写和内容研究的还有孙文研究员级高级工程师、李柔、王义春、尉廷华、陈先亮、于杰,对于他们为本书相关内容研究所做出的贡献表示衷心的感谢。

由于作者水平及时间所限,书中难免存在不当和错误之处,敬请读者和有关专家给予赐教和指正。本书的出版得到了"交通运输行业高层次人才培养项目"专项资助,在此表示衷心感谢。

作　者
2023 年 6 月

目 录
CONTENTS

第1章　绪论 ······ 001
　1.1　引言 ······ 001
　1.2　大跨桥梁吊索安全评估现状概述 ······ 004

第2章　桥梁拉吊索典型病害与成因 ······ 005
　2.1　防护体系 ······ 006
　2.2　锚固体系 ······ 009
　2.3　外护套破损处索体 ······ 011
　2.4　病害机理分析 ······ 012
　2.5　桥梁拉吊索失效典型案例 ······ 015

第3章　桥梁缆索钢丝电化学腐蚀研究 ······ 017
　3.1　索体钢丝电化学腐蚀速率的基本原理 ······ 017
　3.2　缆索钢丝腐蚀试验 ······ 018
　3.3　钢丝镀锌层腐蚀单因素影响分析 ······ 020
　3.4　基于正交试验的缆索钢丝基体腐蚀多因素研究 ······ 024
　3.5　相同条件下钢丝镀锌层和基体的腐蚀速率比较 ······ 031

第4章　桥梁缆索环境腐蚀当量关系研究 ······ 033
　4.1　大气腐蚀环境状况 ······ 033

4.2　当量加速原理 ······ 035
　　4.3　钢丝腐蚀环境谱的当量折算方法 ······ 037
　　4.4　不同基准条件下的环境当量折算系数的转化 ······ 041
　　4.5　大跨悬索桥缆索运营环境谱 ······ 042

第5章　大跨桥梁吊索钢丝力学性能 ······ 044

　　5.1　系杆拱桥吊索钢丝拉伸试验 ······ 044
　　5.2　桥梁索体新、旧钢丝力学性能参数统计分析 ······ 052
　　5.3　桥梁索体新、旧钢丝拉伸断口特征 ······ 069

第6章　桥梁吊杆的疲劳分析 ······ 072

　　6.1　疲劳分析的基本概念与变量 ······ 072
　　6.2　吊杆疲劳破坏的特征与过程 ······ 073
　　6.3　吊杆疲劳的理论分析方法 ······ 074
　　6.4　吊杆疲劳设计与计算的方法 ······ 082

第7章　桥梁吊索腐蚀疲劳评估研究 ······ 090

　　7.1　桥梁吊索钢丝腐蚀研究发展 ······ 090
　　7.2　吊杆钢丝腐蚀疲劳寿命影响因素 ······ 096
　　7.3　吊索索体钢丝疲劳寿命试验研究 ······ 100
　　7.4　试验结果与分析 ······ 107
　　7.5　钢丝疲劳断口分析 ······ 116

第8章　大跨桥梁吊索钢丝腐蚀疲劳寿命评估 ······ 120

　　8.1　吊索钢丝腐蚀疲劳过程 ······ 120
　　8.2　带有表面裂纹的钢丝应力强度因子研究 ······ 122
　　8.3　吊索钢丝腐蚀疲劳各阶段寿命计算 ······ 130
　　8.4　大跨桥梁吊索腐蚀疲劳寿命分析 ······ 137

第9章 大跨公路桥梁交通流模拟和吊杆应力时程 141

9.1 公路桥梁荷载谱研究 141
9.2 大跨公路桥梁交通流统计分析 142
9.3 基于蒙特卡罗方法的大跨公路桥梁车流模拟 145
9.4 吊杆应力时程分析 151

第10章 吊杆疲劳可靠度分析 155

10.1 结构可靠度理论 155
10.2 基于累积损伤法则的疲劳可靠度 162
10.3 基于威布尔分布概率的疲劳可靠度 171

参考文献 175

第1章 绪 论

1.1 引言

索结构具有强度高、自重较小的特点,索构件已经被广泛应用于悬索桥的主缆和吊索、斜拉桥的斜拉索、系杆拱桥的吊索、大型空间结构悬索和拉索等。以索构件为主要承重构件的大跨缆索承重型桥梁是现代大跨径桥梁的主要结构形式。

随着经济、科技的迅猛发展,以及国家"一带一路"建设的推进,我国基础设施建设突飞猛进,一座座跨河、跨江、跨海的大桥拔地而起:斜拉桥已突破千米跨度,如主跨1092m的上海沪通铁路大桥;钢管混凝土拱桥也突破500m跨径,如上海卢浦大桥。对于要跨越较大河、江及海洋的桥梁,缆索承重型桥梁往往是设计师们青睐的桥型,如苏通长江大桥、东海大桥、港珠澳大桥、厦漳跨海大桥和南沙大桥等。这些大桥不仅经济、美观,有效克服了桥梁跨度大的问题,还推动了我国土木工程技术向更高、更强的方向发展。

桥梁斜拉索、吊杆和吊索是大跨桥梁的重要组成部分,由于拉吊索构件相对其他结构构件十分纤细,在较高应力的长期作用下往往成为整个结构体系中对损伤最为敏感的构件。拉吊索的损伤及病害已经成为影响其寿命周期的主要因素,尤其是拉吊索的锈蚀和疲劳造成拉吊索耐久性的大幅度降低,限制了拉吊索在桥梁结构中的实际使用寿命,一般不超过30年。

目前桥梁结构设计使用寿命为100年,这就造成因吊索、拉索断损而需要换索的工程问题经常出现,例如德国汉堡的科尔布兰德桥,建成3年后换索;著名的委内瑞拉桥,使用16年后全部换索;广州海印斜拉桥,使用6年后部分换索;山东济南黄河桥,建成13年后换索;四川宜宾南门中承式肋拱桥,使用10年后因吊索锈蚀损坏发生局部桥面坍塌事故,于2002年6月完成对全部吊索的更换。

当前,对于悬索桥主缆的更换还没有适宜的方法。而桥梁拉吊索频繁出现病害并进行更换,造成桥梁安全隐患,个别桥梁还因为拉吊索破断造成垮桥事故,如四川宜宾南门金沙江大桥、新疆库尔勒市孔雀河大桥、福建武夷山公馆大桥、攀枝花市金沙江倮果大桥等(图1-1~图1-4)。垮桥事故的发生总是造成经济的重大损失,以及出现人民的生命安全问题、社会影响问题等,给经济的发展带来了难以弥补的损失。拉吊索的服役可靠性直接关系整个缆索承重型桥梁的安全,已成为衡量整个缆索承重型桥梁性能的重要指标之一。如何提高拉吊索的服役可靠性并进行精准安全风险评估,保证缆索承重型桥梁运营安全及人民生命财产安全,是土木工程人必须考虑的问题。除了加强设计、施工、养护和管理措施外,及时掌握拉吊索的动态服役可靠性,准确评估安全风险也是行之有效的方法之一。面对复杂的服役环境,现在数量众多的拉吊索的服役寿命已超过理论设计寿命的一半,多状态、系统地评估拉吊索的可靠性势在必行且相当紧迫。

图1-1 宜宾南门金沙江大桥

图1-2 新疆库尔勒市孔雀河大桥

图1-3 福建武夷山公馆大桥

图1-4 攀枝花市金沙江倮果大桥

大跨度桥梁通常使用缆索承重体系,拉吊索一般布置在梁体外部,并处于高应力状态,对服役的腐蚀环境侵害比较敏感。

部分服役10余年的大跨径的悬索桥主缆、吊索均出现了不同程度的锈蚀病害:如贵州南盘江大桥,原大桥主桥为跨径240m的钢桁架悬索桥,于1998年11月建成通车,运营不到17年,主缆、吊索锈蚀严重,于2015年拆除重建为连续刚构桥(图1-5~图1-6);2012年建成的西藏波密县扎木镇至墨脱县县城公路上的西莫河大桥(桥址位于雅鲁藏布江大峡谷的上游,大桥服役环境复杂,气候多变且潮湿,是印度洋南来水汽进入我国青藏高原的最大通道,也是我国气候变化的启动区),在2017年大桥检测时发现主缆、吊索腐蚀严重,需要更换。斜拉桥的斜拉索,以及中、下承式拱桥的吊杆更是容易出现腐蚀损伤,导致可靠性降低而被频繁更换。

图1-5 贵州南盘江大桥　　图1-6 索体锈蚀

美国新奥尔良的鲁林桥、委内瑞拉的Maracaibo桥、美国的Pasco-Kennewick桥、英国的Wye钢斜拉桥、德国的Köhlbrand大桥,以及阿根廷的扎拉特·布拉佐·拉戈斜拉桥等在服役期间均因吊索钢丝锈蚀经历了换索。

欧美一些发达国家的桥梁发展经验表明,如果在设计和施工阶段对桥梁的安全性、耐久性及适应性考虑不周,桥梁运营及养护阶段将付出惨重的代价。

桥梁拉吊索的设计寿命为30年,若按《公路桥涵设计通用规范》(JTG D60—2015)中规定的公路桥涵设计基准期为100年推测,在桥梁的基准期内至少要换3~4次索,而换索费用几乎是新建桥梁时的3~5倍,有些桥梁更换拉吊索的费用可能会更高。现阶段我国桥梁拉吊索也存在对建设期安全和强度相当重视,而对运营期间的维护及可靠性、安全风险分析重视不够的问题,导致对索体钢丝的腐蚀-疲劳损伤难以把握,常常出现提前换索的局面,造成很大的浪费。各国已建的拉索桥乃至20世纪90年代修建的拉索桥的实际运营情况表明:拉索桥正经受着拉吊索可靠性不足的严峻挑战和威胁。随着服役时间的增加,大多数拉索桥都会面临因为拉吊索钢丝腐蚀-疲劳而导致承载力降低的问题,更换拉吊索在所难免。我国在役桥梁的拉吊索也不例外,也面临外护套耐久性低、索体钢丝腐蚀-疲劳、服役寿命远远低于预期的问题,直接影响桥梁的正常运营,也使桥梁管理面临极大的风险及难以承受的经济和社会负担。因此,开展桥梁拉吊索腐蚀-疲劳问题及服役可靠性研究是桥梁建设者、管养部门的需要,也是保障人民生命财产安全的需要。

1.2 大跨桥梁吊索安全评估现状概述

桥梁事故和大量的换索案例暴露了我国桥梁设计早期甚至目前仍存在的问题：我国的桥梁设计受到设计理论和技术水平的局限，注重桥梁强度设计，忽视耐久性、安全性等可靠性问题，注重主要大型构件的设计，忽略次要构件例如吊杆的设计，使得部分系杆拱桥存在着不同程度的安全隐患。另外，系杆拱桥吊杆在维护、修复和拆换过程中，缺乏衡量标准，实际工程中多数依靠设计师的主观判断，也使得安全隐患问题不减反增。对吊杆进行可靠性研究，为保证桥梁安全运营提供一种可靠的评估手段，是十分必要和迫切的。

桥梁在公路交通中发挥着重要的作用，相较于其他基础设施，桥梁投资成本高，对社会和经济的影响力大，在桥梁建设前后，对其安全性、耐久性及适用性的考虑是建设者和使用者需要重点关注的问题，这种需求促使学者开展桥梁可靠性的研究工作，促进了可靠度理论在桥梁可靠性分析上的应用。总之，如何合理评价桥梁的可靠性，并在此基础上对桥梁进行安全评估和预测桥梁的剩余使用寿命是一个非常重要的课题。

随着可靠度理论的不断发展和应用，国内外学者在桥梁结构系统可靠性评估方面进行了较多的研究，尤其是在梁式桥、斜拉桥、悬索桥方面。如余建星等基于非线性动力学对大跨径斜拉桥进行了系统动力分析，并在此基础上确定了大桥的失效模式，利用可靠度理论计算了某斜拉桥的可靠度指标。郭彤等联合应用蒙特卡罗法和响应面法，提出了大桥结构体系可靠度的联合算法，并以润扬长江公路大桥为工程背景，对该桥在正常运营和损伤等工况下的可靠度进行了模拟计算，证明了联合算法的应用可以显著提高可靠度分析的精度和效率，其结果为桥梁的状态评估提供了参考。谢斌等基于BP(Back Propagation)神经网络理论拟合极限状态函数，解决了极限状态函数无法显示表达的难题，并引入了粒子群算法对拟合函数进行了双优化，最后以抚顺市天湖大桥为例验证了方法的可行性。相关的研究成果很多，不再一一列举。

大跨桥梁吊索安全评估应开展的主要工作包括：通过理论分析、试验模拟、建立模型，开展拉吊索服役可靠性及安全风险分析、评估；通过深入研究和工程实践，积累大量有效的数据，逐步建立影响拉吊索可靠性的数据库，完善拉吊索结构的设计理论；通过工程实践对拉吊索的服役可靠性及安全风险分析方法的有效性进行验证，实现拉吊索服役寿命的最大化，并在拉吊索系统失效前发出预警，保证运营安全。

第 2 章　桥梁拉吊索典型病害与成因

拉吊索结构由索体、防护体系及锚固体系构成。梁体荷载通过索体传递给索塔、钢拱肋或主缆,索体主要承受拉力,防护体系是索体在服役环境下正常工作的保证。由拉吊索的构造可以看出,无论是索体、防护体系或锚固体系中的任何一个组件的可靠性降低,都会影响整个拉吊索的使用功能。拉吊索常见病害主要为防护体系病害、锚固体系病害、索体病害,以及其他偶然病害(如火灾)等类型。

拉吊索是拉索桥的主要承力构件,也是整个拉索桥系统内最脆弱的组件。索体是桥梁结构中的重要受力构件,目前较为常用的有平行钢丝索和平行钢绞线索。我国的桥梁缆索体系多数采用平行钢丝索。平行钢丝索的防腐体系先后采用了涂沥青后缠玻璃丝布和环氧树脂防腐体系、现场制作铅皮套管防腐体系或PE(聚乙烯)管压注水泥浆防腐体系和热挤HDPE(高密度聚乙烯)护套体系。由于桥梁结构所处的环境较为恶劣,特别是在酸雨高发区、水污染严重区、沿海区域等,更易引发防护体系失效,导致索体钢丝腐蚀。

在桥梁病害检测与安全性评估中,往往因为拉吊索病害而使整个桥梁评定等级降低。个别拉吊索突然断裂造成相邻拉吊索的应力重分布,进而相继发生索体断裂,导致桥梁垮塌的严重安全事故,造成恶劣的社会影响。在服役的腐蚀环境和交变应力耦合作用下,构成拉吊索系统的各组件(外护套防护体系、索体钢丝、锚固体系等)发生退化的程度称为服役环境下的拉吊索损伤。损伤演化则是组成拉吊索的各组件随着服役时间的增加,在服役荷载与服役的腐蚀环境耦合作用下使用功能发生退化,直至破坏的过程。尤其是拉吊索钢丝发生腐蚀-疲劳,塑性减弱、脆性增强,发生破断的时间和部位带有不确定性,造成的后果也更为严重,拉吊索的可靠性分析往往是常规养护和检测难以达到的。表 2-1 列出了拉吊索体系主要病害类型。

拉吊索体系主要病害类型　　　　　　　　　　　　　表 2-1

病害类型	发生频率	影响及修复性
外护套破裂	在役拉吊索随着时间的推移必然出现	不降低拉吊索承载力,可修复,但影响大
外护套破损处钢丝腐蚀	在役拉吊索经常出现	影响钢丝承载力,塑性降低,脆性增强,不可修复,影响大

续上表

病害类型	发生频率	影响及修复性
下锚固区钢筋锈蚀	在空气湿气冷凝,防护体系失效,护套破损,雨水渗入索体时出现	隐蔽性强,致命病害,不可检测,影响大
下锚头腐蚀	多数拉吊索会出现	不降低拉吊索承载力,影响中等
锚箱进水	经常出现	不降低拉吊索承载力,影响大

2.1 防护体系

拉吊索暴露在梁体外,受外部环境或人为因素影响大,众多拉吊索病害都与防护体系是否具有耐久性能有关。从部分服役的拉吊索病害及更换工程案例可以看出,尽管设计者针对拉吊索的防护体系尝试了多种方式,但所有的防护手段都难以让人满意,防护体系的耐久性远远没有达到理想的程度。已有研究表明,现行技术条件下生产的合格PE材料暴露在大气环境下,其正常使用寿命不超过30年,远小于大型桥梁的设计使用寿命。

桥梁施工阶段,在制作、搬运、安装过程中都有可能因保护措施不到位、操作不当造成索体护套的损伤。桥梁运营阶段,PE护套在阳光、温度、机械损伤和腐蚀介质,以及意外撞击等因素作用下,PE护套会老化出现大量微孔、裂纹、裂缝甚至破损开裂,如图2-1所示。

由于PE护套的损伤,空气、雨水等腐蚀介质易进入索体内部,在钢丝表面形成水膜,引起钢丝腐蚀。套管内压注水泥浆等填充物对套管内的索体钢丝进行防护是早期刚性拉吊索的主要防护形式,由于受风、雨、动荷载的作用,部分浆体不凝固或套管存在脱空现象,索体钢丝或钢绞线受浆体内残留水和交变荷载的耦合作用腐蚀断裂(图2-2),索体提前失效,并且该防护体系的拉吊索不易更换,现已不再应用。采用索体钢丝外压注水泥浆的广州海印大桥,1988年建成,1995年换索。

已有调查研究表明,索体内部钢丝的腐蚀程度与PE护套的破损程度相一致,腐蚀呈现的规律有:①索体上端钢丝腐蚀程度较轻,索体下端钢丝腐蚀程度相对较重,分析原因为,在重力作用下进入索体内部的雨水等腐蚀介质会沿着钢丝向索体下部流动并积累,加速下端钢丝的腐蚀;②PE护套破损严重的部位及该部位以下一定范围钢丝腐蚀较为严重,分析原因为,PE护套破损严重,雨水、空气和腐蚀介质更易从该部位进入索体,造成该部位腐蚀介质浓度高于索体其他部位,加速该部位钢丝的腐蚀。

a) PE护套开裂

b) PE护套老化

c) 索体内钢丝腐蚀

d) 车辆撞击

图 2-1 护套损坏

图 2-2 拱桥吊杆水泥浆不凝固造成的索体钢丝腐蚀

外护套采用挤压 PE 护套工厂化标准制作，为现代拉吊索普遍采用的防护形式。从工厂到施工现场，为方便运输，拉吊索需要盘卷，而盘卷就需要将钢丝索股扭转一定角度，在拉索受力后，扭转的钢丝索股会有一个退扭的过程，但外护套不会随钢丝索股扭转，经试验验证，扭转角度在 20°~40° 范围内，扭转对外护套的影响可忽略不计。拉吊索的盘卷直径要求不低于20倍拉吊索的直径,对于长索,个别厂商为了便于运输,使盘卷直径尽可能小,钢丝的扭转角就需要更大一些,扭转角超过40°的拉吊索,在受力后,退扭的钢丝就会造成外护套开裂(图2-3)。

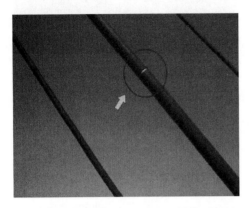 

图2-3 索体钢丝退扭造成的PE层环向开裂

PE外护套原材料为高密度聚乙烯,原材料指标更多参考了电缆行业标准,不同的外护套原材料配方具有不同的性能,适应不同的服役环境,理想状况是拉吊索外护套原材料配方匹配于其服役的环境。我国幅员辽阔,服役环境千差万别,如南方和北方、沿海和内地、高原和平原,无论是温差、气候、紫外线强弱,还是特殊的腐蚀环境(如服役地附近有污染性强的化工厂)等均不相同。现阶段开展这方面试验及相关的研究不多,大都停留在原材料性能方面,选用的聚乙烯材料也难以适应拉吊索的服役环境,外护套往往出现提前开裂、破损等病害(图2-4、图2-5)。外护套劣化后索体钢丝直接暴露在服役环境中,受环境中的腐蚀性气体离子与交变荷载作用,发生腐蚀断裂病害(图2-6)。

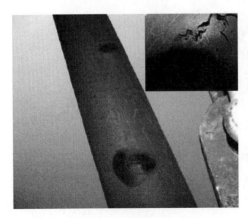 

图2-4 外护套劣化　　　　　　图2-5 外护套开裂

图 2-6　吊索解剖后钢丝病害(锈蚀)

检测方法:用肉眼或望远镜逐根检查拉吊索 PE 护套有无划伤、撞击、老化、开裂现象,详细记录 PE 护套老化、损伤位置,对 PE 护套开裂、损伤处,打开 PE 护套,检查钢丝是否锈蚀、锈蚀长度,PE 护套内是否积水、积水在索体内的分布等。大跨径斜拉桥、吊杆拱桥,需借助吊篮、支架到达拉吊索检查,也可使用自动爬升机器人检查远离桥面的索,但 PE 护套开裂、损伤处,一定要人工靠近检查。

2.2　锚固体系

冷铸镦头锚固系统是热挤高密度聚乙烯(PE)防护平行钢丝拉吊索常用锚固形式。钢丝均通过镦头锚于后锚板,同时在锥形锚筒中灌注冷铸填料。

锚头锈蚀、下锚固区积水是拉吊索常见病害之一。很多拉吊索的索导管没有密封导致套管积水。由于服役期间的结构振动,内置式减震器损坏,索导管内的填充材料——发泡聚氨酯老化开裂或发泡聚氨酯与索导管、PE 护套黏结不牢产生缝隙,水会随着这些缝隙渗漏到下锚固区,使外、内螺纹,锚板,甚至钢丝的镦头发生锈蚀(图 2-7)。

拉吊索与锚具的锚固区需要将一段钢丝索的 PE 护套剥除以方便锚固,由于锚具构造特征,雨水等易进难出,易造成腐蚀介质在锚具及锚端部位积累引起端部钢丝的锈蚀。已有桥梁病害调查分析表明,由于锚具防护措施不当,护套长期积水,易造成锚具严重锈蚀,引起内部索体钢丝严重腐蚀。

钢绞线拉吊索的锚固夹片滑移是常见病害。重庆綦江彩虹桥于 1999 年发生垮塌事故,吊杆锚固夹片滑移是引起垮桥原因之一,事故现场发现锚头的夹片脱落,部分钢绞线从锚头处滑出,锚固体系失效,部分吊杆退出工作,致使全桥吊杆应力发生重分布,吊杆受力超限造成垮桥事故。

a) 下锚端锈蚀　　　　　　　　　　b) 锚具锈蚀

c) 上锚端锈蚀　　　　　　　　　　d) 锚固区积水

图 2-7　锚固体系主要病害

从检测和试验结果发现,对于在役的 PE 护套拉吊索,由于拉吊索制作时,钢丝之间的空隙存在湿气,拉吊索封闭后,这些湿气会冷凝成水滴。外护套破裂也会造成外部的雨水浸入索体内部,在运营荷载作用下,拉吊索不停地振动,雨水顺着索体内的钢丝或钢绞线汇集在拉吊索下部的锚固区,尽管锚固区外护套防护完好,但渗入的雨水使锚固区域的钢丝或钢绞线始终浸泡在雨水中,在交变应力耦合作下发生严重腐蚀甚至断裂(图 2-8)。

关于对混凝土封锚的锚固结构的检测,主要通过外观检查封锚混凝土有无防水措施,防水材料是否老化、开裂,混凝土有无开裂、破碎、渗水,钢绞线、锚杯是否外露、锈蚀。如果有防水失效或上导管下端有渗水痕迹,要凿开封锚混凝土检查镦头锚的螺母、锚杯、镦头是否潮湿、积水、锈蚀、螺母、锚杯、镦头有无开裂、松动;检查钢绞线索的锚环、夹片、钢绞线是否潮湿、积水、锈蚀,锚杯、夹片有无开裂、松动,钢绞线有无滑丝,锚杯及接长筒内填料是否密实、流失、积水。

对于采用钢锚罩、锚箱防护的锚固结构,主要检查锚罩(锚箱)是否存在油漆老化、脱落、锈蚀、密封条老化、固定螺栓锈蚀及断裂等现象。打开锚罩、锚箱后,检查是否有冷凝水、积水、锈蚀,锚头涂抹防腐油脂是否老化、变质、流失。

a)下锚固区锚头钢丝锈蚀

b)下锚固区钢丝断裂

图 2-8　下锚固区锚头钢丝锈蚀、断裂

2.3　外护套破损处索体

外护套破损使该处索体直接暴露在服役环境中,环境中的腐蚀性离子会附着在索体钢丝或钢绞线表面,在索体钢丝表面之间发生相对运动产生腐蚀,使索体钢丝的镀锌等保护层失去防护作用,进而使钢丝的铁基质发生腐蚀,钢丝的有效截面减小。在交变应力耦合作用下,腐蚀加快,索体钢丝的塑性性能降低,脆性增强,以致发生脆性断裂。通常情况下,若拉吊索外护套检查完好,则索体钢丝基本无锈蚀;而在外护套破损处索体钢丝腐蚀严重。

国内多座缆索承重型桥梁如重庆石门大桥、四川犍为岷江大桥、重庆涪陵长江大桥、广东九江大桥、云南三达地怒江大桥、天津永和大桥等的拉吊索外护套因为各种原因破损,破损处的索体钢丝或钢绞线出现严重锈蚀等病害,在远远没有达到设计的 30 年服役年限的情况下,不得不提前换索。护套破坏引起的拉索索体损伤与钢丝锈蚀如图 2-9 所示。

图 2-9　护套破坏引起的拉索索体损伤与钢丝锈蚀

2.4　病害机理分析

外护套破损,破损处索体钢丝(钢绞线)直接暴露在外部环境中,在环境中的腐蚀性离子与交变应力耦合作用下,索体钢丝发生化学腐蚀、应力腐蚀,以及腐蚀-疲劳损伤,索体内的湿气冷凝成的水滴和外护套破损处渗入的雨水在拉吊索振动下,汇集在下锚固区。尽管下锚固区外护套完好,在雨水中的腐蚀性离子和交变应力耦合作用下,该处钢丝还会发生电化学腐蚀、应力腐蚀,以及腐蚀-疲劳损伤。

按照腐蚀形态的不同,一般将索体钢丝的腐蚀分为均匀腐蚀与局部腐蚀两类。

1)均匀腐蚀

均匀腐蚀是较为常见的一种腐蚀形态,是指钢丝(钢绞线)与介质接触的整个表面都发生腐蚀。均匀腐蚀的特征是腐蚀均匀地发生在钢丝(钢绞线)整个表面上,钢丝由于腐蚀,强度被削弱。一般而言,均匀腐蚀容易控制、危害性小,可以依据腐蚀速率进行腐蚀控制设计和剩余寿命预测。

2)局部腐蚀

局部腐蚀是指表面腐蚀速率存在显著差异的一种常见腐蚀形态,表现为表面局部微小区域的腐蚀速率及腐蚀深度明显大于整个表面平均腐蚀速率和腐蚀深度。对于索体钢丝而言,局部腐蚀相对于均匀腐蚀具有更严重的危害性。钢丝局部腐蚀常见形式有:

(1)点蚀。

点蚀是索体钢丝最主要的一种局部腐蚀形式,它分诱发及扩展两个重要阶段。研究表明，钢丝表面化学和物理性质的不均匀性，如非金属夹杂物、机械损伤等是点蚀的主要诱发源。钢丝在腐蚀介质中经过一定时间作用后，其表面上的个别点和局部微小区域内出现腐蚀小孔，而其他区域未腐蚀或腐蚀轻微，且蚀孔随着时间的推移不断向纵深发展，最后形成小孔状蚀坑。易钝化的金属、合金表面及具有保护膜的金属表面在有侵蚀性阴离子和氧化剂存在的腐蚀介质中易发生点蚀。点蚀过程中，蚀孔外金属表面处于钝化状态，蚀孔内基体表面处于活性溶解状态，蚀孔内外表面组成了一个大阴极、小阳极的活化-钝化电池，活性阴离子在阳极电流的作用下不断向蚀孔中迁移并富集。由于蚀孔的几何形态限制了内外溶液之间的物质交换，使得腐蚀介质的扩散受到限制，诱发孔内溶液成分与电极电位变化，加快了阳极反应速率，组成了腐蚀的闭塞电池。在闭塞电池内部，阳极金属溶解生成可溶性金属离子，由于溶液电中性属性，闭塞电池外部溶液中阴离子不断向孔内迁移。当腐蚀介质中存在氯离子时，氯离子不断向孔内扩散，随着反应的进行，蚀孔内金属氯化物浓度上升，生成的腐蚀产物氯化铁可水解成更为稳定的化合物——氢氧化铁，导致孔内溶液 pH 值下降，从而进一步加速金属活化溶解形成自催化作用。

点蚀是一种破坏性极大的局部腐蚀形式，虽然点蚀造成的质量损失很小，但由于闭塞电池的形成，阳极的溶解加速且具有自动加速的特点，极大削弱了钢丝的有效截面面积，甚至会引发断丝。

（2）缝隙腐蚀。

索体由若干根钢丝制作组合而成，钢丝间不可避免地存在缝隙，为缝隙腐蚀的发生提供了客观条件。缝隙腐蚀发生一般要求缝隙宽度为 0.05～0.1mm，且腐蚀介质在缝隙内处于滞流状态。腐蚀初期，在缝隙内外的钢丝表面发生氧化还原反应，随着反应的进行，缝隙内溶解氧不断被消耗，由于缝隙内的腐蚀介质处于滞流状态，消耗的氧得不到有效补充，当缝隙内氧气消耗完后，缝隙内外由氧浓度差异形成宏观腐蚀电池。缝隙内金属电位较负的为腐蚀电池阳极，缝隙外金属电位较正的为腐蚀电池阴极。氧浓度差促进缝隙内金属加速腐蚀，缝隙外金属表面腐蚀速率降低，对于易钝化金属，缝隙内金属易转为活化状态，缝隙外金属由于氧浓度较高，钝化膜能够得到及时修补保持钝化状态，形成了大阴极、小阳极的活化-钝化电池。与点蚀历程相似，缝隙腐蚀也形成了闭塞电池引起的酸化自催化作用，加速了缝隙内金属活化溶解。

缝隙腐蚀的特征包括：对缝隙腐蚀而言，越易钝化的金属，越易发生缝隙腐蚀；缝隙腐蚀可以在酸、碱、中性等任何侵蚀性溶液中发生，特别是在含有侵蚀性阴离子的溶液中更易引起缝隙腐蚀；缝隙腐蚀的临界电位比点蚀电位低，缝隙腐蚀比点蚀更易发生。由于缝隙腐蚀可以发生在腐蚀性不强的介质中，具有一定的隐蔽性，且发生缝隙腐蚀后单根钢丝强度降低,导致索体整体力学性能退化,因此具有很大的危害性。

(3)应力腐蚀。

应力腐蚀是索体钢丝运营阶段在应力与腐蚀介质的共同作用下发生的腐蚀。应力腐蚀不同于没有应力作用的纯腐蚀,也不同于没有腐蚀介质的纯力学断裂,而是腐蚀介质与应力相互作用相互促进的过程。在应力腐蚀作用下,钢丝可以在低于屈服强度或抗拉强度的条件下发生脆性断裂。

目前,应力腐蚀还没有形成统一的公认理论,阳极溶解型理论是目前被较为广泛接受的一种理论,其主要过程可表示为"膜破裂-金属溶解-再钝化"不断循环往复的过程。该理论认为在应力腐蚀环境中金属表面通常被钝化膜覆盖,钝化膜隔离了金属基体与腐蚀介质,避免了金属基体的进一步腐蚀,当钝化膜局部破坏后,形成裂纹,在应力作用下裂纹尖端定向活化溶解,裂纹不断扩展最终断裂。

钢丝应力腐蚀的特点包括:裂纹起源于钢丝表面;裂纹的长宽相差几个数量级,不成比例;裂纹扩展方向一般垂直于主拉应力方向。通常,发生应力腐蚀的钢丝基体表面未受到明显破坏,但少数细小裂纹已贯穿到基体的内部,会在整体腐蚀极小的情况下发生突然开裂,危害性极大。

(4)摩振腐蚀。

索体在荷载作用下,钢丝与钢丝之间相互接触且存在相对运动,导致钢丝表面发生磨损,在腐蚀环境下磨损部位发生腐蚀。摩振腐蚀不是单纯的振动磨损与腐蚀损伤的相互叠加,而是两者耦合作用的结果。摩振腐蚀严重的部位易发生腐蚀疲劳,加速钢丝破坏。

3)拉吊索技术存在的问题

当前拉吊索技术存在的难点及待解决的问题如下:

(1)拉吊索结构本身特点引起下锚固区积水,该处索体钢丝的腐蚀-疲劳损伤机理及特性。

(2)外护套破损处索体钢丝的腐蚀-疲劳损伤机理及特性。

(3)PE外护套无论是设计阶段的设计寿命还是服役期间的预估寿命大都停留在外护套原材料的试验阶段,以及试验室单一模拟服役环境阶段,与实际的服役寿命差异较大。

(4)腐蚀-疲劳是一个损伤逐渐累积的过程,交变应力和腐蚀性介质耦合作用相互促进,并不是简单的叠加,对拉吊索腐蚀-疲劳破损机理的研究受限于腐蚀-疲劳试验装置,剩余寿命预测还无定论。

(5)由于缺少技术及理论支持,当前养护资金利用有限、拉吊索的维护及更换缺少

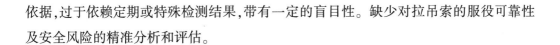

依据,过于依赖定期或特殊检测结果,带有一定的盲目性。缺少对拉吊索的服役可靠性及安全风险的精准分析和评估。

2.5 桥梁拉吊索失效典型案例

拉吊索系统包括锚固体系、索体及防护体系,三部分相辅相成,相互作用。在拉吊索的服役可靠性分析中,任何一部分出现病害都会影响拉吊索的服役可靠性。以下典型案例从多角度分析影响拉吊索失效的原因:

案例1:广州海印大桥为主跨175m的双塔单索面斜拉桥,斜拉索为镀锌高强钢丝外包聚乙烯套管,套管内压注水泥浆,于1988年建成通车。1995年5月15日7时15分,南塔西侧15号索破断。检测发现,锚固区附近的水泥浆体不凝固,腐蚀了钢丝,造成斜拉索断裂。

案例2:上海恒丰路立交桥为主跨56m的独塔斜拉桥,斜拉索采用高强钢丝外包聚乙烯套管,套管内灌注水泥浆,于1987年建成通车。广州海印大桥发生断索事故后,相关部门对恒丰路立交桥斜拉索进行锚头打开检测,发现索内灌浆不饱满、套管严重脱空。该桥2003年全部换索。

案例3:攀枝花市金沙江倮果大桥为主跨160m的中承式劲性钢筋混凝土拱桥,吊杆采用高强钢绞线外套钢管,钢管灌注砂浆及硫黄砂浆,于1993年建成通车。2003年检测发现一半以上的吊杆钢绞线存在较严重的锈蚀区段,最大钢丝断面损失率达到56%,大多钢绞线受力不均,故运营10年就更换了全部吊杆。之后,对更换后的吊杆进行了长期监测,仅仅服役了9年,在没有任何预警的状况下,吊杆突然断裂。

案例4:314国道孔雀河大桥为主跨150m的中承式钢管混凝土拱桥,1998年8月建成通车。2005年7月经过全桥检查并进行了加固,加固后对大桥做了动、静载试验。该桥于2011年4月12日5时30分左右,两对吊杆突然断裂。

案例5:位于珠海市唐家镇的淇澳大桥为主跨320m的双塔单索面斜拉桥,2001年1月建成通车。运营7年后,全桥192根斜拉索中有127根PE外护套发生开裂,斜拉索钢丝锈蚀严重,部分斜拉索索力超过设计要求,故全桥换索。

案例6:四川乐山沙湾大渡河桥为主跨150m的钢管混凝土下承式系杆拱桥,吊杆为PE热挤护套的钢绞线并外套HDPE(高密度聚乙烯)管保护,于1999年建成通车。2002年检测发现PE护套普遍老化、破损,部分PE护套内有积水。吊杆钢绞线锈蚀严重,系杆也锈蚀严重,故对全桥更换了吊杆、系杆。

案例7:广东佛陈大桥为主跨110m的下承式预应力系杆钢管混凝土拱桥,系杆采用裸露的钢绞线外涂黄油后包裹化学纤维布防腐,1994年建成通车。1999年发现系杆内积水,钢绞线表面黄油干涸,索体潮湿,锈蚀严重,有9根钢绞线断裂,故进行了更换系杆加固。

案例8:云南三达地大桥为跨径145m的独塔双索面混凝土斜拉桥,该桥采用工厂化制作的双层PE护套的现代斜拉索,1994年竣工通车。2003年,对该桥进行检查发现桥面60%以上拉索护筒长期积水,造成筒内密封环、连接筒和下锚具锈蚀,外护套破损严重。对斜拉索解剖后发现每个索导管内都有积水,个别积水达几米,锚垫板腐蚀严重,严重危及桥梁的安全,个别拉索断丝率达20%。

案例9:重庆綦江彩虹桥为主拱净跨120m的中承式钢管混凝土提篮拱桥,1996年2月建成通车,1999年1月4日,全桥垮塌。事故原因之一为吊杆锁锚问题:主拱钢绞线锁锚方法错误,不能保证钢绞线有效锁定及均匀受力,锚头部位的钢绞线出现部分或全部滑出,吊杆钢绞线锚固失效。锚固体系失效病害降低了吊杆的承载能力,引起相邻吊杆内力重新分布,直接影响吊杆的服役可靠性。

以上案例分析表明:

(1)由于浆体部分不凝固,收缩后导管存在脱空现象,导致难以有效地通过套管内灌注水泥浆等填充物的方式对套管内的索体钢丝进行防护,从而造成拉吊索的服役性能降低。

(2)通过索力测试来反映拉吊索的服役状况、定期检测等技术措施,只能反映病害特别严重的拉吊索状况,无法准确地预测拉吊索的剩余寿命及对拉吊索的破断提前预警。

(3)在拉吊索服役初期,我们考虑更多的是索体的安全性,随着服役时间的增加,外护套的耐久性直接影响索体的安全性,进而影响整个拉吊索的服役可靠性。

(4)拉吊索索体内积水,在雨水中腐蚀性离子和交变应力耦合作用下,索体钢丝发生腐蚀-疲劳病害。

(5)下锚固区积水也是影响拉吊索服役可靠性原因之一。外界的雨水通过外护套破损处渗入索体进而汇集在下锚固区,该处索体钢丝会发生腐蚀-疲劳。从拉吊索的发展历程看,拉吊索的发展是个不断总结、完善的过程,结构的更替推动着拉吊索不断发展、进步。由拉吊索结构特征引起的下锚固区积水的问题值得我们思考。

(6)由索体强度降低(安全性)、外护套破损(耐久性),以及下锚固区渗水引起该处索体钢丝的腐蚀(适用性),这三个方面的可靠性都直接影响着拉吊索系统的服役可靠性。

第3章 桥梁缆索钢丝电化学腐蚀研究

金属腐蚀绝大部分属于电化学腐蚀，基于电化学腐蚀本质，可以应用电化学技术测定电化学反应过程中阳极电流密度来计算出金属腐蚀速率。为了研究腐蚀环境因素及耦合作用对大跨桥梁缆索钢丝腐蚀速率的影响，本章针对缆索钢丝环境腐蚀主要影响因素，首先进行钢丝镀锌层的单因素腐蚀试验，然后基于正交试验设计原理和分析方法，研究温度、NaCl 浓度、pH 值等主要因素及交互作用对缆索钢丝镀锌层及其基体腐蚀速率的影响。

3.1 索体钢丝电化学腐蚀速率的基本原理

金属均匀腐蚀程度的评定，一般可以采用平均腐蚀速率表示。常用的腐蚀速率评定方法有质量法、气体容量法、厚度法、电阻法和极化法。极化法是一种常用的可实现实时、原位测量，能够连续测定和跟踪金属的瞬时腐蚀速率的电化学技术。采用极化技术可以测量出金属在腐蚀体系中的塔菲尔斜率、自然腐蚀电流密度、极化阻力等动力学参数，从而可以推导出金属的腐蚀速率。

用极化技术可以较快地测量出金属在某一腐蚀介质中的塔菲尔斜率、腐蚀电流密度 I_0、极限扩散电流密度等动力学参数，从而可以对金属的抗蚀能力及防护手段的有效性进行评价。基于 Stern-Geary 方程式可知腐蚀电流密度表达式为：

$$I_0 = \frac{b_a \times b_c}{2.303 \times (b_a + b_c)} \times \frac{1}{R_p} \tag{3-1}$$

式中：b_a、b_c——常用对数极化曲线的阳极塔菲尔斜率和阴极塔菲尔斜率；

R_p——极化电阻。

通过电化学工作站的测定获得极化曲线，计算出 b_a、b_c 和 R_p，从而可求得腐蚀电流密度 I_0。

根据法拉第定律,可知金属腐蚀失重速度 v_0 与腐蚀电流密度 I_0 的关系为:

$$v_0 = \frac{I_0 A}{nF} \tag{3-2}$$

式中: A ——金属的相对原子质量(g/mol);

n ——反应中转移电子的物质的量;

F ——法拉第常数,96485C/mol。

以金属腐蚀后厚度的平均减薄表示平均腐蚀速率,则由 v_0 可以导出:

$$R = \frac{8.76 v_0}{\rho} \tag{3-3}$$

式中: R ——平均厚度变化指标表征的年平均腐蚀速率(mm/a);

ρ ——金属材料密度(g/cm^3)。

3.2 缆索钢丝腐蚀试验

3.2.1 试验材料、试剂、仪器

选取缆索镀锌钢丝作为腐蚀试件,钢丝公称直径为 5.00mm,抗拉强度为 1670MPa,主要化学成分见表 3-1。

缆索镀锌钢丝的化学成分表　　　　表 3-1

Zn(g/mm^2)	C(%)	Mn(%)	Si(%)	S(%)	P(%)	Cr(%)	Cu(%)	Fe
300	0.75~0.85	0.60~0.90	0.12~0.20	≤0.025	≤0.025	0.2	≤0.2	余量

根据大桥缆索腐蚀破坏特征及环境腐蚀因素分析,本次试验主要研究温度、氯盐含量、pH 值对钢丝腐蚀速率的影响。温度通过恒温箱调节控制,氯盐含量通过电子天平称量 NaCl 质量控制,pH 值则通过介质中硫酸含量控制。所用化学试剂均为分析纯。

试验中采用的主要仪器有电化学工作站(CS150,武汉科斯特)、恒温箱(DHG,景迈)、电子天平(FA1104,上海良平)和酸度计(pHS-25,上海雷磁)。

3.2.2 钢丝腐蚀工作电极的制作

通常电化学腐蚀试验工作电极的腐蚀接触面是光洁平面,而桥梁缆索钢丝的实际腐蚀区域是钢丝圆柱侧面。桥梁缆索钢丝由于在拉拔过程中受变形区外摩擦作用,钢丝内部存在残余应力,钢丝轴向与截面径向、周向的残余应力分布与材料组织结构不一致。如果采用钢丝截面作为平面腐蚀电极,显然与实际情况不符。

为了保证与桥梁缆索钢丝的实际腐蚀状态接近,将镀锌钢丝切割为长3cm的短棒,在棒的一端焊接电阻很小的导线铜丝,并用环氧树脂密封短棒的两端,使得暴露在腐蚀环境中的中间段长为2cm,中间段圆柱侧面即为试验腐蚀接触面。因此,工作电极的腐蚀表面积为$3.14cm^2$,工作电极如图3-1所示。

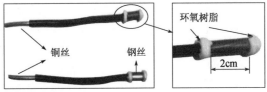

图3-1 工作电极实物图

由于试验过程较短,假定试验过程中钢丝直径不变。试验之前,对电极的工作面用金相砂纸打磨,使工作面光洁均匀。为了减小腐蚀产物及微小蚀坑对钢丝腐蚀速率的影响,每一次腐蚀测试完毕后,需要对工作面进行打磨。

3.2.3 钢丝腐蚀速率的测定

电解池采用三电极体系,其中铂片为辅助电极,饱和甘汞电极为参比电极,工作电极由前文所述钢丝制成(工作面积$S = 3.14cm^2$)。为了研究温度对于钢丝腐蚀速率的影响,试验过程中将装有腐蚀溶液的电解池置于恒温箱中,与CS150化学工作站一起组成钢丝腐蚀速率测试系统,如图3-2所示。

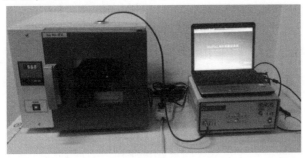

图3-2 电化学测试系统实物图

试验中设定动电位扫描速度为 5mV/s,电位扫描范围为 –0.50~0.15V。试验中数据采集间隔时间为 5min,由于试验过程较短,忽略腐蚀溶液浸泡时间对钢丝腐蚀速率的影响。

3.3 钢丝镀锌层腐蚀单因素影响分析

钢丝腐蚀过程中,表面镀锌层首先被腐蚀。本节主要根据电化学极化曲线研究温度、氯盐浓度、pH 值对钢丝镀锌层腐蚀的影响。

3.3.1 温度对钢丝镀锌层腐蚀的影响

为了研究温度对钢丝镀锌层腐蚀速率的影响,试验过程中电解池中的溶液为纯净水,依次控制试验温度为 20℃、30℃、40℃、50℃、60℃、70℃、80℃、90℃。图 3-3 为镀锌钢丝电极在不同温度作用下的动电位极化曲线。

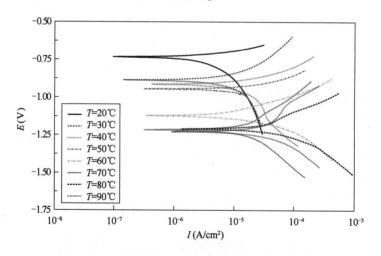

图 3-3 不同温度作用下镀锌钢丝的动电位极化曲线

由图 3-3 可知,不同温度作用下钢丝的极化曲线形状基本相似,但是随着温度的升高,曲线逐渐往右下方移动。曲线变化趋势表明,随着温度升高,腐蚀电位变小,镀锌钢丝的腐蚀电流密度增大。当水溶液温度升高时,反应活化能减小,引起腐蚀反应速率加快;同时,分子布朗运动变得剧烈,离子迁移速率加快,使溶解性的腐蚀产物迅速离开腐蚀区域而不至于形成对镀锌层具有保护作用的膜层,为加快腐蚀反应创造了条件。

根据式(3-1)~式(3-3),可得到不同温度作用下镀锌钢丝的腐蚀速率,如图3-4所示。

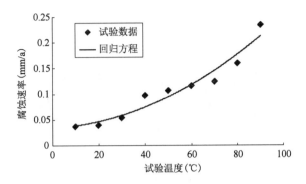

图3-4 温度与钢丝镀锌层腐蚀速率之间的关系

由图3-4可以看出,随着温度的升高,钢丝镀锌层腐蚀速率不断增大,且增大的幅度越来越大。温度从10℃升高到90℃时,钢丝镀锌层腐蚀速率增加5倍。对试验数据进行拟合,建立钢丝镀锌层腐蚀速率与环境温度之间的回归方程:

$$R = 2 \times 10^{-5}T^2 + 0.002T + 0.0337 \tag{3-4}$$

式中:R——钢丝的年平均腐蚀速度(mm/a);

T——温度值(℃)。

3.3.2 氯盐浓度对钢丝镀锌层腐蚀的影响

为了研究氯盐浓度对钢丝镀锌层腐蚀速率的影响,试验过程中设定恒温箱温度为25℃,依次控制NaCl溶液浓度为0、0.5%、1%、1.5%、2%、2.5%、3%、3.5%、4%、4.5%、5%。图3-5为镀锌钢丝电极在不同浓度NaCl溶液中的动电位极化曲线。

由图3-5可知,NaCl溶液中钢丝的极化曲线与纯净水中钢丝的极化曲线有明显区别,体现在阳极极化曲线出现了一个平台。这是由于Cl^-的作用导致钢丝表面没有出现钝化膜。在NaCl溶液浓度从0提高到3.5%的过程中,曲线逐渐往右下方移动。在NaCl溶液浓度从3.5%提高到5%过程中,曲线又逐渐往左上方移动。曲线变化趋势表明,随着NaCl溶液浓度升高,镀锌钢丝的腐蚀电流密度先增大后减小,在NaCl溶液浓度为3.5%时,腐蚀电流密度达到最大。

根据式(3-1)~式(3-3),可得到不同浓度NaCl溶液中镀锌钢丝的腐蚀速率,如图3-6所示。

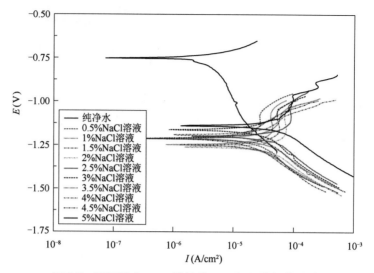

图 3-5 不同浓度 NaCl 溶液作用下钢丝的极化曲线

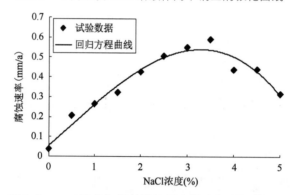

图 3-6 NaCl 浓度与钢丝镀锌层腐蚀速率之间的关系

由图 3-6 可以看出,在 0.5% NaCl 溶液中,钢丝镀锌层的腐蚀速率是纯净水中的 4 倍,这说明 Cl^- 对提高钢丝镀锌层腐蚀速率的作用是非常明显的。NaCl 溶液浓度从 0 升高到 3.5% 的过程中,钢丝镀锌层腐蚀速率逐渐增大。NaCl 溶液浓度从 3.5% 提高到 5% 过程中,钢丝镀锌层腐蚀速率逐渐减小。

对试验数据进行多项式拟合,可以建立钢丝镀锌层腐蚀速率与 NaCl 浓度之间的回归方程:

$$R = -506.95c^2 + 31.732c + 0.0223 \tag{3-5}$$

式中:R——钢丝的年平均腐蚀速度(mm/a);

c——NaCl 的浓度值。

钢丝镀锌层腐蚀过程中,氯盐作用的电化学机理为:在腐蚀电流作用下,Cl^- 吸附在金属表面某些活性点上,并和金属离子结合成可溶性氯化物,加速腐蚀形成腐蚀小孔。

但是 Cl^- 含量超过临界浓度后,溶液中 O_2 溶解度随 Cl^- 浓度的增加而不断降低,阴极反应由于得不到足够的氧气而变慢,导致腐蚀速率下降,钢丝在 NaCl 溶液作用下的腐蚀过程见图 3-7。

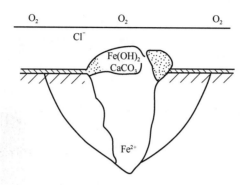

图 3-7 钢丝在 NaCl 溶液作用下的腐蚀过程

3.3.3 pH 值对钢丝镀锌层腐蚀的影响

为了研究溶液 pH 值对钢丝镀锌层腐蚀速率的影响,设定恒温箱温度为 25℃,分别在电解池中配置纯净水(pH=5.8~6.5),以及 pH 值为 2、3、4、5 的硫酸溶液,进行电化学腐蚀试验与测试。图 3-8 为镀锌钢丝电极在不同 pH 值溶液中的动电位极化曲线。

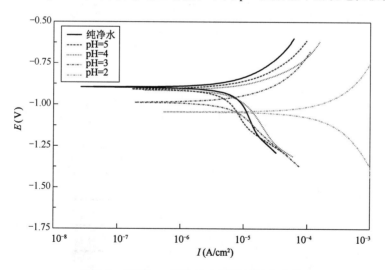

图 3-8 不同 pH 值溶液中钢丝的极化曲线

由图 3-8 可知,不同 pH 值作用下钢丝的极化曲线形状基本相似,但是随着 pH 值的降低,曲线逐渐往右下方移动。曲线变化趋势表明,随着 pH 值的降低,自腐蚀电位降低,镀锌钢丝的腐蚀电流密度增大。当腐蚀液 pH 值降低时,H^+ 的浓度增大,阴极反应加快,腐蚀速率加快。

根据式(3-1)~式(3-3),可得到不同 pH 值作用下镀锌钢丝的腐蚀速率。绘出镀锌钢丝在不同 pH 值作用下腐蚀速率的散点图,如图3-9所示。

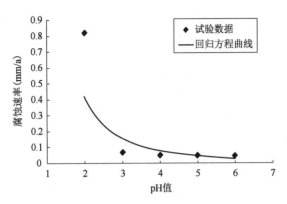

图3-9 溶液 pH 值与钢丝镀锌层腐蚀速率之间的关系

由图3-9可以看出,随着 pH 值的降低,钢丝镀锌层腐蚀速率不断增大,且增加的幅度越来越大。尤其是 pH 值从3降低到2时,钢丝镀锌层腐蚀速率增加了7倍,说明低 pH 值对钢丝镀锌层腐蚀速率影响很大。对试验数据进行函数拟合,建立钢丝镀锌层腐蚀速率与 pH 值之间的回归方程:

$$R = 1.6686x^{-2.164} \tag{3-6}$$

式中:R——钢丝的年平均腐蚀速度(mm/a);

x——pH 值。

3.4 基于正交试验的缆索钢丝基体腐蚀多因素研究

为了研究不同因素耦合作用对于缆索钢丝基体腐蚀作用的影响,采用基于正交试验设计方法对钢丝基体腐蚀速度进行多因素研究。

正交试验设计是研究多因素多水平的一种试验设计方法。该方法根据正交性,从全面试验中挑选出部分有代表性的点进行试验,这些有代表性的点具备均匀分散、齐整可比的特点。当试验涉及的因素在3个或3个以上,而且各因素间可能有交互作用时,采用正交试验设计可以大大减小试验工作量。

正交试验设计的主要工具是正交表,试验人员可根据试验的因素数、因素的水平数,以及是否具有交互作用等需求查找相应的正交表,再依托正交表的正交性,从全面试验中挑选出部分有代表性的点进行试验,可以实现以最少的试验次数达到与大量全面试验等效的结果。应用正交表设计试验是一种高效、快速且经济的多因素试验设计方法。

钢丝镀锌层腐蚀试验完成以后,对钢丝工作电极进行打磨,使钢丝表面完全裸露基体,再对钢丝基体进行基于正交试验的腐蚀多因素试验研究。

3.4.1 钢丝基体腐蚀因素的正交试验设计

为了研究温度、NaCl 浓度、pH 值及其之间交互作用对钢丝基体腐蚀速率的影响,根据数理统计和正交性原理设计试验。试验考虑的 3 个基本因素为温度(A)、NaCl 浓度(B)、pH 值(C),因此,可将钢丝基体腐蚀速率表征为 3 个腐蚀因素的函数:

$$R = f(x_A, x_B, x_C) \tag{3-7}$$

式中:x_A、x_B、x_C——温度、NaCl 浓度和 pH 值。

对每个因素设计 5 个水平,温度(A)分别设定为 20℃、30℃、40℃、50℃、60℃;NaCl 浓度(B)分别设定为 0.1%、0.5%、1%、2%、3%;pH 值(C)分别设定为 3.0、3.7、4.4、5.0、5.7。对应设计水平见表 3-2。

环境腐蚀影响因素及相关水平　　表 3-2

水平	因素		
	A	B	C
	温度(℃)	NaCl 浓度(%)	pH 值
1	20	0.1	3.0
2	30	0.5	3.7
3	40	1	4.4
4	50	2	5.0
5	60	3	5.7

为了研究腐蚀因素交互作用对钢丝基体腐蚀速率的影响,在试验设计时考虑温度、NaCl 浓度、pH 值两两交互作用。基于正交试验原理,由正交表 $L25(5^6)$ 确定试验方案,见表 3-3。

正交试验表头设计方案($L25$)　　表 3-3

列号	1	2	3	4	5	6
因子	A	B	A×B	C	A×C	B×C

根据上述正交试验设计方案,采用全计算机控制CS150电化学测试系统,通过测试可以得到不同腐蚀环境下的腐蚀极化曲线,采用塔菲尔直线外推法计算相应的腐蚀速率。每个试验环境组合下进行3次重复测试。钢丝基体腐蚀速率测试结果和温度(A)、NaCl浓度(B)、pH值(C)3个因素及其两两交互作用的正交处理结果见表3-4。从每一个试验环境组合的3次重复测试数据可以看出,钢丝基体腐蚀速率的测试结果比较稳定,取3次测试结果的平均值作为该试验环境的钢丝基体腐蚀速率,保证了试验结果分析的有效性。图3-10为试验测定的部分极化曲线。

试验正交处理与试验结果　　　　表3-4

试验号	A	B	A×B	C	A×C	B×C	腐蚀速率(mm/a)			
							1	2	3	平均值
1	1	1	1	1	1	1	0.182	0.193	0.196	0.191
2	1	2	2	2	2	2	0.554	0.589	0.569	0.571
3	1	3	3	3	3	3	0.944	1.019	1.007	0.990
4	1	4	4	4	4	4	1.224	1.267	1.313	1.268
5	1	5	5	5	5	5	1.336	1.367	1.402	1.368
6	2	1	2	3	4	5	0.272	0.273	0.274	0.273
7	2	2	3	4	5	1	0.876	0.841	0.869	0.862
8	2	3	4	5	1	2	1.361	1.409	1.385	1.385
9	2	4	5	1	2	3	1.981	1.925	2.044	1.983
10	2	5	1	2	3	4	2.566	2.528	2.437	2.510
11	3	1	3	5	2	4	0.565	0.609	0.578	0.584
12	3	2	4	1	3	5	1.778	1.699	1.642	1.706
13	3	3	5	2	4	1	2.072	1.903	1.936	1.970
14	3	4	1	3	5	2	2.090	1.972	2.084	2.049
15	3	5	2	4	1	3	3.387	2.963	3.055	3.135
16	4	1	4	2	5	3	0.622	0.603	0.602	0.609
17	4	2	5	3	1	4	1.869	1.931	1.941	1.914
18	4	3	1	4	2	5	2.671	2.557	2.593	2.607
19	4	4	2	5	3	1	3.182	3.126	3.089	3.132
20	4	5	3	1	4	2	3.840	4.067	3.957	3.955
21	5	1	5	4	3	2	0.739	0.720	0.707	0.722
22	5	2	1	5	4	3	1.939	2.2311	2.015	2.061
23	5	3	2	1	5	4	2.920	2.859	2.999	2.926

续上表

试验号	A	B	A×B	C	A×C	B×C	腐蚀速率(mm/a)			
							1	2	3	平均值
24	5	4	3	2	1	5	3.867	3.916	3.983	3.922
25	5	5	4	3	2	1	4.070	4.1246	4.1064	4.100
K_1	13.169	7.141	28.261	32.289	31.646	30.772				
K_2	21.048	21.350	30.115	28.753	29.541	26.050				
K_3	28.339	29.6423	30.946	27.983	27.189	26.342				
K_4	36.655	37.070	27.211	25.7885	28.588	27.611				
K_5	41.201	45.211	23.880	25.6001	23.449	29.637				
k_1	0.8779	0.4761	1.8841	2.1526	2.1097	2.0515				
k_2	1.4032	1.4233	2.0077	1.9169	1.9694	1.7367				
k_3	1.8893	1.9761	2.0631	1.8655	1.8126	1.7561				
k_4	2.4437	2.4713	1.8141	1.7192	1.9058	1.8408				
k_5	2.7468	3.0141	1.5920	1.7067	1.5633	1.9758				
极差 H	1.8688	2.5380	0.4710	0.4459	0.5465	0.3148				

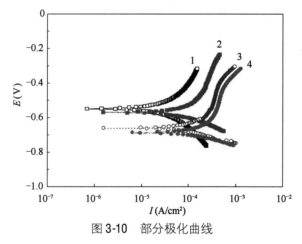

图 3-10　部分极化曲线

注：1、2、3、4 分别为表 3-4 中试验序号。

3.4.2　正交试验的直观分析

分析各因素对钢丝基体腐蚀速率的影响，计算各因子对应的腐蚀速率之和 $K_i(i=1,2,3,4,5)$ 和腐蚀速率平均值 k_i，结果见表 3-4。

从表中 H(极差)可以看出：

$$H_B > H_A > H_{A \times C} > H_{A \times B} > H_C > H_{B \times C}$$

因此可以判断，NaCl 浓度和温度对钢丝基体腐蚀速率的影响最大，温度与溶液 pH 值耦合作用、温度与 NaCl 浓度耦合作用的影响比 pH 值的影响稍大，NaCl 浓度与 pH 值交互作用的影响相对较小，但不容忽视。$A_5 B_5 C_1$ 环境因素组合对钢丝基体腐蚀影响最大。

图 3-11 给出了钢丝基体腐蚀速率与温度、NaCl 浓度、pH 值之间的关系。

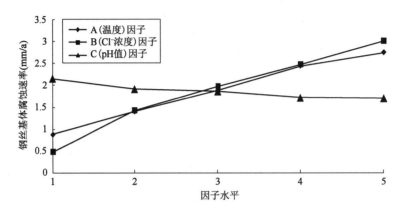

图 3-11　钢丝基体腐蚀速率与单因素因子水平关系曲线图

从图 3-11 可以看出，温度从 20℃ 上升到 60℃ 时，钢丝基体腐蚀速率增大了约 3 倍；NaCl 浓度从 0.1% 上升到 3% 时，钢丝基体腐蚀速率提高了 6 倍。pH 值的影响相对较小，pH 值的减小一定程度上提高了钢丝基体的腐蚀速率。

3.4.3　正交试验结果的显著性检验

为了考察不同因素作用对试验结果影响的显著性，对表 3-4 试验数据进行方差分析。给定显著性水平 $\alpha = 0.05$ 和 $\alpha = 0.01$。比较各因子 f 值与临界值 f_α 的大小可知各因子的显著性水平，结果见表 3-5。

正交实验显著性分析　　　　　　表 3-5

方差来源	均方离差	f 值	临界值 f_α	显著性水平
A(温度)	8.623	450.678	3.11 5.04	特别显著
B(Cl^-)	14.341	749.277		特别显著
C(pH 值)	0.513	26.803		高度显著

续上表

方差来源	均方离差	f 值	临界值 f_α	显著性水平
A×B	0.123	6.438	2.44 3.62	显著
A×C	0.156	8.131		显著
A×B	0.071	3.708		显著
误差		0.019		
总和		1.348		

从表3-5中的显著性水平可知,温度和NaCl浓度对钢丝基体腐蚀速率的影响最大,pH值也具有较大影响,其中两个因素之间的耦合作用对钢丝基体腐蚀的影响也较大,不可忽视。

3.4.4 钢丝基体腐蚀速率回归方程的建立与影响因素分析

工程上常用线性函数、指数函数、对数函数、反比例函数和开方函数建立数据回归方程。根据正交试验数据直观分析,这里分别采用指数函数、对数函数、反比例函数和开方函数对表3-4中的试验数据进行拟合,建立计算钢丝基体腐蚀速率 R 的回归方程。所选函数的具体函数形式见表3-6,其中 $\alpha_i(i=0,1)$、$\beta_i(i=0,1,\cdots,9)$ 分别代表常系数;x_A、x_B、x_C 分别表示温度、NaCl浓度和pH值。拟合结果的精度指标参数见表3-7。

函数表达式　　　　　　　　　　　　　　　　　表3-6

函数类别	函数形式
EF	$\alpha_0 + \alpha_1 e^{(\beta_0 + \beta_1 x_A + \beta_2 x_B + \beta_3 x_C + \beta_4 x_A^2 + \beta_5 x_B^2 + \beta_6 x_C^2 + \beta_7 x_A x_B + \beta_8 x_A x_C + \beta_9 x_B x_C)}$
LF	$\alpha_0 + \alpha_1 \ln(\beta_0 + \beta_1 x_A + \beta_2 x_B + \beta_3 x_C + \beta_4 x_A^2 + \beta_5 x_B^2 + \beta_6 x_C^2 + \beta_7 x_A x_B + \beta_8 x_A x_C + \beta_9 x_B x_C)$
IF	$\alpha_0 + \alpha_1 (\beta_0 + \beta_1 x_A + \beta_2 x_B + \beta_3 x_C + \beta_4 x_A^2 + \beta_5 x_B^2 + \beta_6 x_C^2 + \beta_7 x_A x_B + \beta_8 x_A x_C + \beta_9 x_B x_C)^{-1}$
SF	$\alpha_0 + \alpha_1 \sqrt{\beta_0 + \beta_1 x_A + \beta_2 x_B + \beta_3 x_C + \beta_4 x_A^2 + \beta_5 x_B^2 + \beta_6 x_C^2 + \beta_7 x_A x_B + \beta_8 x_A x_C + \beta_9 x_B x_C}$

注:EF代表指数函数;LF代表对数函数;IF代表反比函数;SF代表开方函数。

拟合函数精度指标参数分析　　　　　　　　　　表3-7

参数类别	EF	LF	IF	SF
RMSE	0.202	0.224	0.232	0.253
SSE	1.0172	1.248	1.340	1.595
R	0.985	0.981	0.980	0.976
DC	0.969	0.962	0.960	0.952
f	727.019	588.191	546.332	455.462

注:RMSE代表均方差;SSE代表残差平方和;R代表相关系数;DC代表决定系数;f代表f统计。

由表 3-7 中四种函数拟合的精度指标参数可知,采用指数函数拟合钢丝基体腐蚀速率回归方程最为合理。方程如下:

$$R = 4.8252 - 2.6794 e^{(0.2697 - 2.805 \times 10^{-3} x_A - 1.148 \times 10^{-4} x_A^2 - 1.645 x_B + 529.32 x_B^2 + 0.1733 x_C - 0.0272 x_C^2 - 1.272 x_A x_B + 1.898 \times 10^{-3} x_A x_C + 0.701 x_B x_C)}$$

(3-8)

为了进一步分析各腐蚀因素及其耦合作用对钢丝基体腐蚀速率的影响,可通过三维图形化显示钢丝基体腐蚀速率与两个变量之间的关系。图 3-12～图 3-14 分别给出了在 pH 值、NaCl 浓度、温度给定条件下的钢丝基体腐蚀速率变化的空间曲面图。

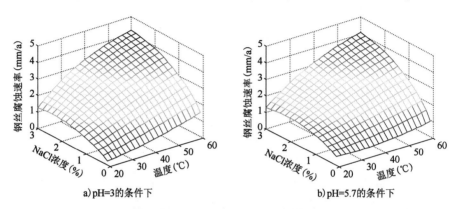

图 3-12　pH 值一定条件下钢丝基体腐蚀速率与温度、NaCl 浓度空间曲面图

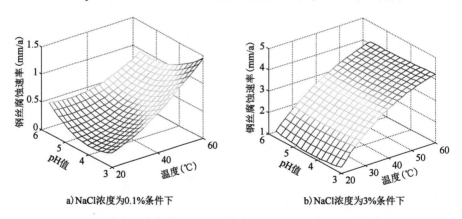

图 3-13　NaCl 浓度一定条件下钢丝基体腐蚀速率与温度、pH 值的空间曲面图

由图 3-12 和图 3-13 可以看出,钢丝基体腐蚀速率随温度的升高而增加,当温度小于 50℃时,钢丝基体腐蚀速率随温度上升而明显加快。当温度大于 50℃时,钢丝基体腐蚀速率增加相对较平缓,这是因为在温度较高的条件下,尽管钢丝阳极的反应速率增大,但是钢丝表面容易生成比较致密的腐蚀产物,对钢丝起到保护作用,抑制反应的进行。这与一般钢材腐蚀速率特性相似。

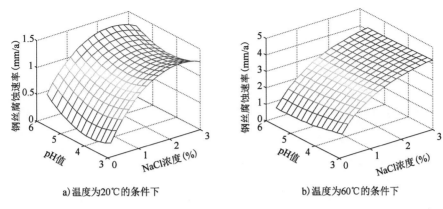

a) 温度为20℃的条件下　　　　　b) 温度为60℃的条件下

图3-14　温度一定条件下钢丝基体腐蚀速率与NaCl浓度、pH值的空间曲面图

从图3-12和图3-14可以看出,钢丝基体腐蚀速率随NaCl浓度的升高而增加,但是NaCl浓度达到2%之后,钢丝基体腐蚀速率的增速变小,在低温条件下钢丝基体腐蚀速率甚至下降。这是由于Cl^-促进钢丝基体腐蚀速率增大存在一个临界浓度,NaCl含量超过临界浓度后,溶液中O_2溶解度随Cl^-浓度的增加而不断降低,溶液中O_2的浓度对钢丝基体的腐蚀有较大影响。比较图3-13a)和图3-13b)可知,pH值从3增加到5.7,钢丝基体腐蚀速率变小,但变化幅度较小,表明pH值对钢丝基体腐蚀速率的影响比温度和Cl^-浓度小。

由图3-13和图3-14可以看出,钢丝基体腐蚀速率随pH值的降低缓慢增加。随着pH值降低,介质中H^+的浓度增大,腐蚀电位加大,钢丝基体腐蚀速率增大。但是硫酸是含氧酸,具有较强的氧化性,随着硫酸浓度的增加(pH值下降),容易在钢丝表面生成一层膜,使得钢丝表面处于钝化状态,导致钢丝基体腐蚀速率缓慢增加。

3.5　相同条件下钢丝镀锌层和基体的腐蚀速率比较

比较图3-4和图3-11可知,随着试验温度的升高,钢丝镀锌层和基体的腐蚀速率呈现相同的变化趋势,但在相同温度下,镀锌层的腐蚀速率远远小于基体的腐蚀速率。

由图3-6可知,NaCl溶液浓度从0升高到3.5%的过程中,钢丝镀锌层腐蚀速率逐渐增大。NaCl溶液浓度从3.5%提高到5%的过程中,钢丝镀锌层腐蚀速率逐渐减小。可知NaCl溶液对钢丝镀锌层腐蚀速率影响的临界浓度为3.5%。尽管图3-11中NaCl溶液浓度变化范围较小,但可以预测,随着NaCl溶液浓度继续升高,钢丝基体的腐蚀速率变化趋势类似于钢丝镀锌层。在相同NaCl浓度下,镀锌层的腐蚀速率远远小于基体的腐蚀速率。

比较图3-9和图3-11可知，随着试验pH值的升高，钢丝镀锌层和基体的腐蚀速率呈现相同的变化趋势，但在相同的pH值下，镀锌层的腐蚀速率远远小于基体的腐蚀速率。

虽然锌的电极电位比铁基体的低，镀锌层更容易发生腐蚀，但是，锌的过电位比铁基体的过电位高得多，过电位越高意味着对腐蚀的抑制效应越大，所以在相同条件下，镀锌层的腐蚀速率比基体的腐蚀速率小。

第4章 桥梁缆索环境腐蚀当量关系研究

大跨桥梁缆索结构关键件(部位)长期暴露在大气腐蚀环境中,缆索系统的防护层在太阳紫外线、热辐射、干湿交替、温差变化等影响下老化破坏后,空气中的水分、氧气、SO_2、CO_2、NO_2、CO、H_2S、盐雾等腐蚀介质进入索体将导致钢丝发生化学和电化学腐蚀现象。钢丝腐蚀会加剧其疲劳损伤,从而威胁结构的完整性与使用安全。因此,为评定大跨桥梁缆索构件关键部位的耐久性和使用寿命,制定对应的腐蚀修理间隔与方法,必须进行缆索构件及关键部位涂层的腐蚀试验,建立其腐蚀损伤随使用年限的变化规律。

加速试验环境谱的编制和加速环境谱作用时间与实际结构使用年限当量关系的确定是实施加速腐蚀试验的重要前提。在实际工程中,测量桥梁构件的腐蚀速率是很困难的,通常采用桥梁结构腐蚀严重部位模拟件和桥梁工作环境谱,在试验室用人工环境控制箱再现桥梁的自然腐蚀环境,测量该结构件对应的腐蚀速率,从而得到结构在不同环境条件下的当量折算系数结果。

4.1 大气腐蚀环境状况

4.1.1 我国大气腐蚀性区域划分图

相关国际标准将金属的标准试件暴露在大气环境中一年后,通过失重法确定标准金属试样的腐蚀速率并进行分级,见表4-1。大气环境腐蚀性分为五类:C1 腐蚀性很低;C2 腐蚀性低;C3 腐蚀性中等;C4 腐蚀性高;C5 腐蚀性很高。这种分类结果比较直观,可直接为防腐蚀工程设计提供参考资料,但其缺点是不能提供有关特定气候和污染物对大气腐蚀过程的影响,且需要进行大范围的材料暴露试验,需要耗用大量的人力、财力、物力。鉴于此,根据国家环境监测总站 2002 年全国 98 个城市 SO_2、NO_2 日均浓度资料和全国大气腐蚀站的数据,将全国大气环境划分为 4 个等级,分别为 C2、C3、C4、C5,构成大气腐蚀性区域图。

(1)C5 区域在我国东部沿海地区,范围从最南端的海南到最北端的辽宁。该区域距海岸线在 20km 以内,为腐蚀严重区。

(2)C4 区域由沿海向内陆延伸,主要分布在东部沿海省市。

(3)C3 区域主要分布在我国中部地区。这些地方大气污染较低,为中等腐蚀区域。

(4)C2 区域主要分布在我国广大的西部地区。该区常年相对湿度低于 60%,大气污染相对较轻,材料腐蚀速率较低。

标准样块腐蚀环境分类表　　　　　表4-1

腐蚀环境分类	金属腐蚀速率($\mu m/a$)			
	碳钢	锌层	铝	铜
C1	<1.3	<0.1	<0.2	<0.2
C2	1.3~25	0.1~0.7		0.1~0.6
C3	25~50	0.7~2.1	0.6~1.3	0.6~1.3
C4	50~80	2.1~4.2		1.3~2.8
C5	80~200	4.2~8.4		2.8~5.6

4.1.2　大气中的酸性气体与 pH 值之间的关系

大气中的主要酸性气体与 pH 值之间的关系如下:

(1)CO_2。由于 CO_2 微溶于水,任何大量的水、水滴,或者表面水层都吸附 CO_2。溶解的气体发生电离产生碳酸根离子和氢离子。

$$CO_2 \rightarrow CO_2 \xrightarrow{H_2O} 2H^+ + CO_3^{2-} \quad (4-1)$$

(2)NO_2。NO_2 主要通过氢氧基(OH·)或臭氧分子(O_3)在大气中诱使发生气体转换,它们是大气中最有活性的反应物,参加化学反应和化学产物,形成常说的光化学烟雾现象。虽然 NO_2 很难溶于水,但是它和氢氧基发生的气相反应形成硝酸(HNO_3)。

$$NO_2 + OH \cdot \xrightarrow{M} HNO_3 \quad (4-2)$$

M 指能带走多余能量的第三类气相。硝酸极易溶于水。

(3)H_2S。H_2S 微溶于水,可能的腐蚀就是通过溶解在钢丝表面水溶液膜内的离子反应:

$$H_2S \rightarrow H_2S \rightarrow H^+ + HS^- \tag{4-3}$$

HS^- 是活性腐蚀剂。

(4)SO_2。SO_2 中等程度溶于水。因此,一定量的 SO_2 吸收在气溶胶粒中,被氧化成硫酸根离子:

$$SO_2 \rightarrow SO_2 \rightarrow SO_4^{2-} \tag{4-4}$$

当 SO_2 在材料表面沉积,分子和氢氧基能很好地发生反应,发生气相过程,生成硫酸:

$$SO_2 + OH \cdot \rightarrow HSO_3^- \rightarrow H_2SO_4 \tag{4-5}$$

4.1.3 环境谱的编制

桥梁运营期间,腐蚀环境随着气候、时间等因素的变化而不断变化,难以给予一个定量的描述。因此,在编制实用环境谱时,需要对环境腐蚀因素的描述做简化处理,剔除腐蚀性小的腐蚀环境因素。一般认为,钢材的腐蚀临界相对湿度约为70%,因此,可安全保守地将相对湿度超过70%的大气腐蚀环境处理为相对湿度为100%的腐蚀环境,剔除湿度小于70%的环境。

以长江中下游的镇江地区为例,腐蚀环境影响因素主要是温度和pH值。编制该地区桥梁构件的环境谱时,主要针对温度、pH值两个主要因素,对实际大气腐蚀环境与试验室加速腐蚀环境之间的当量关系进行研究,编制环境谱。

润扬大桥联结镇江、扬州两市,采用润扬大桥健康监测系统的环境监测数据研究镇江地区环境谱,根据其监测数据将对钢丝腐蚀性大的温度分为0℃、5℃、10℃、15℃、20℃、25℃、30℃、35℃、40℃ 9级。同时统计对应的降水次数和每次降水时间,空气湿度超过70%的雾及构件上凝露的次数,并结合镇江市区环境质量监测结果,参考有关气象环境资料,将酸性气体的浓度等效为pH值,并做简化分为5.0、5.5、6.0、6.5、7.0 5级,从而可以编制出不同腐蚀环境因素对应的时间。

4.2 当量加速原理

绝大多数金属腐蚀是由电化学反应引起的。在电化学反应中,电荷的传递与反应物质的变化量之间存在着严格的等量关系,服从法拉第定律。腐蚀过程中伴有电流产生,金属腐蚀速率的大小通常选择腐蚀电流作为度量标准,本书用厚度法表示的腐蚀速率作为度量标准。腐蚀环境因素随时间呈谱一样变化,因而材料的腐蚀电流即腐蚀速率随时间也呈谱变化。

电化学腐蚀过程中,在 $t_1 \sim t_2$ 时间内金属的腐蚀量表示为:

$$Q = \frac{1}{F}\int_{t_1}^{t_2} I_c \mathrm{d}t \qquad (4\text{-}6)$$

式中:Q——金属的腐蚀量;

I_c——腐蚀电流;

F——法拉第常数,96485C/mol。

根据腐蚀损伤程度相等的原则,可以将桥梁运营环境谱转换成便于试验模拟钢丝不同的加速腐蚀环境。对同一材料、同一种结构,使运营环境谱作用的腐蚀量等于其在试验条件下的腐蚀量。在特定的试验环境条件下,钢丝的腐蚀量 Q_t 表示为:

$$Q_t = \frac{1}{F}\int_{t_1}^{t_2} I_{ce} \mathrm{d}t \qquad (4\text{-}7)$$

式中:Q_t——试验环境条件下的腐蚀量;

I_{ce}——腐蚀电流;

t_1、t_2——腐蚀时间。

桥梁结构在第 i 种实际运营环境条件下,钢丝的腐蚀量 Q_{wi} 应表示为:

$$Q_{wi} = \frac{1}{F}\int_{t_{i1}}^{t_{i2}} I_{ci} \mathrm{d}t \qquad (4\text{-}8)$$

式中:Q_{wi}——桥梁索体钢丝在第 i 种运营环境条件下的腐蚀量;

I_{ci}——腐蚀电流;

t_{i1}、t_{i2}——腐蚀时间。

I_{ce}、I_{ci} 是温度、pH 值等腐蚀环境因素的函数,当环境因素不变时,I_{ce}、I_{ci} 作为常数。按照腐蚀损伤程度相等的原则,即 $Q_t = Q_{wi}$,令 $t = t_2 - t_1$,$t_i = t_{i2} - t_{i1}$,可得:

$$I_{ce} \cdot t = I_{ci} \cdot t_i \qquad (4\text{-}9)$$

为了缩短试验时间,达到加速试验预测结构构件腐蚀寿命的目的,通常加重腐蚀环境以提高腐蚀电流 I_{ct} 的值,如提高试验环境温度、降低电解液 pH 值等方法。由式(4-9)可得:

$$t = \frac{I_{ci}}{I_{ce}} \cdot t_i = \alpha \cdot t_i \qquad (4\text{-}10)$$

根据式(4-9)和式(4-10),当量折算系数 α 可以表示为

$$\alpha = \frac{I_{ci}}{I_{ce}} = \frac{v_{di}}{v_{de}} \qquad (4\text{-}11)$$

式中：v_{di}——钢丝在第 i 种运营环境条件下的腐蚀速率；

v_{de}——试验环境条件下的速率。

通过腐蚀损伤当量折算，试验时间缩短 α 倍，即可通过室内加速腐蚀试验预测大桥构件在实际运营环境下力学性能及腐蚀寿命。

4.3 钢丝腐蚀环境谱的当量折算方法

4.3.1 钢丝环境腐蚀当量折算系数 α 的计算

我国除了沿海地区之外，大部分地区大气环境中 Cl^- 含量很少。在相对湿度100%的条件下，温度和 pH 值（pH 值取决于 SO_2、CO_2、NO_2、CO、H_2S 等酸性气体的指标含量）是影响桥梁拉索钢丝腐蚀速率最大的两个因素。本书将通过试验研究钢丝在不同温度和 pH 值环境下的腐蚀当量折算系数。

根据环境腐蚀试验当量加速原理，通过电化学腐蚀试验测得钢丝在不同腐蚀环境条件下的腐蚀速率，由式(4-11)计算不同环境之间的当量折算系数。根据当量加速原理的方法进行电化学腐蚀试验，测得不同腐蚀试验环境下的腐蚀速率，见表4-2。根据腐蚀速率数据，并以折算基准试验条件为温度50℃、pH 值 =3.7，计算出钢丝环境腐蚀当量折算系数 α，见表4-3。

不同腐蚀试验环境下的钢丝腐蚀速率（单位：mm/a）　　表4-2

T(℃)	pH 值							
	2.4	3.0	3.7	4.3	5.0	5.7	6.4	7.0
15	0.1203	0.1086	0.0906	0.0846	0.0769	0.0748	0.0683	0.0649
20	0.1378	0.1172	0.1158	0.0942	0.0825	0.0807	0.0766	0.0738
25	0.1806	0.1483	0.1204	0.1118	0.0987	0.0981	0.0854	0.0747
30	0.2054	0.1845	0.1657	0.1363	0.1202	0.1093	0.1009	0.0931
35	0.2735	0.2437	0.1924	0.1688	0.1361	0.1258	0.1226	0.1192
40	0.3068	0.2664	0.2269	0.1857	0.1713	0.1619	0.1556	0.1361
45	0.3638	0.328	0.2873	0.2565	0.2248	0.1856	0.1758	0.1687
50	0.4716	0.3673	0.3117	0.2701	0.2338	0.2184	0.1954	0.1754
55	0.5413	0.449	0.3826	0.3146	0.2763	0.2357	0.2116	0.2039
60	0.6857	0.5646	0.4802	0.3638	0.2987	0.2752	0.2492	0.2221

钢丝不同试验腐蚀环境与基准试验环境的折算系数(α)　　表 4-3

$T(℃)$	pH 值							
	2.4	3.0	3.7	4.3	5.0	5.7	6.4	7.0
15	0.3859	0.3484	0.2907	0.2714	0.2467	0.2400	0.2191	0.2082
20	0.4421	0.3760	0.3715	0.3022	0.2647	0.2589	0.2457	0.2368
25	0.5794	0.4758	0.3863	0.3587	0.3167	0.3147	0.2740	0.2397
30	0.6590	0.5919	0.5316	0.4373	0.3856	0.3507	0.3237	0.2987
35	0.8774	0.7818	0.6173	0.5415	0.4366	0.4036	0.3933	0.3824
40	0.9843	0.8547	0.7279	0.5958	0.5496	0.5194	0.4992	0.4366
45	1.1671	1.0523	0.9217	0.8229	0.7212	0.5954	0.5640	0.5412
50	1.5130	1.1784	1	0.8665	0.7501	0.7007	0.6269	0.5627
55	1.7366	1.4405	1.2275	1.0093	0.8864	0.7562	0.6789	0.6542
60	2.1999	1.8114	1.5406	1.1671	0.9583	0.8829	0.7995	0.7125

4.3.2　当量折算系数 α 与腐蚀因素之间的函数关系

图 4-1、图 4-2 给出了钢丝在不同试验环境下的腐蚀当量折算系数及温度、pH 值对当量折算系数的影响规律。

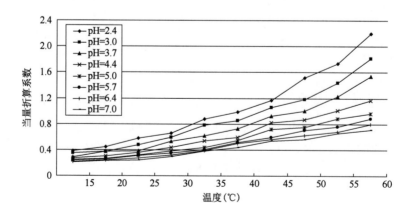

图 4-1　钢丝在不同 pH 值条件下的 T-α 曲线

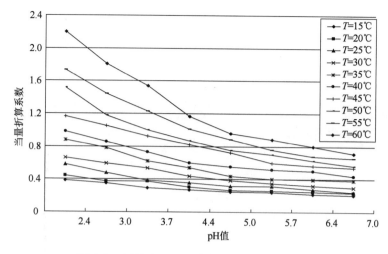

图4-2 钢丝在不同温度条件下的pH-α曲线

由图4-1可知,在pH值一定的条件下,当量折算系数随着温度的升高而增大,而且pH值越小,当量折算系数增大的幅度越大。当温度小于30℃时,当量折算系数随温度升高而增大的趋势比较平缓;当温度超过30℃时,当量折算系数随温度升高而增大的趋势越来越陡峭,尤其是在pH值较小的条件下。温度由15℃升至60℃,α增加3～6倍。

由图4-2可知,在温度一定的条件下,当量折算系数随着pH值的升高而减小,而且温度越大,当量折算系数减小的幅度也越大。当pH值大于5.0时,当量折算系数下降的趋势趋于平缓。pH值由7.0减小至2.4,α增加大约2～3倍。对比图4-1和图4-2,对于钢丝的腐蚀,温度对当量折算系数的影响要比pH值的影响大得多。

采用七维高科有限公司的1stOpt数学优化分析综合工具软件包对表4-3中数据进行二元函数拟合。对图4-1和图4-2当量折算系数的变化趋势,采用双曲面函数和双指数函数进行回归方程的参数优化,并对拟合结果进行误差分析。表4-4为相应的函数表达式和拟合结果,其中,x为温度,y为pH值。

函数表达式及拟合结果 表4-4

函数类别	函数形式公式	函数拟合结果
双指数函数	$\alpha = e^{ax+by+c}$	$\alpha = e^{0.03502x - 0.22654y - 0.085186}$
双曲面函数	$\alpha = \sqrt{ax^2 + by^2 + c} + d$	$\alpha = \sqrt{0.341106x^2 - 15.71744y^2 + 348913.81} - 590.169$

根据表4-4中的函数拟合结果,可以计算出各试验数据点对应的数值,从而可以求出其均方差、相关系数等参数,见表4-5。从表4-5可以看出:双指数函数的均方差比双曲面函数的小,而相关系数比双曲面函数的大。因此,采用双指数函数来表达温度、

pH 值对当量折算系数 α 之间的关系。用 Matlab 软件绘制双指数函数空间曲面,如图 4-3 所示,当量折算系数 α 表达式为:

$$\alpha = e^{0.03502x - 0.22654y - 0.085186} \tag{4-12}$$

表 4-5 拟合函数参数对比分析

参数类别	双指数函数	双曲面函数
均方差(RMSE)	0.016730	0.159478
残差平方和(SSE)	0.022394	2.034684
相关系数(R)	0.991313	0.918045
决定系数(DC)	0.982193	0.842807
卡方系数(C)	0.059303	2.153016
F 统计(F)	4431.02	418.21

采用上述分析当量折算系数相同的方法,采用双指数函数对表 4-2 中的数据进行拟合,从而可得腐蚀速率的表达式,如式(4-13)所示。用 Matlab 软件绘制腐蚀速率与温度、pH 值的关系空间曲面图,如图 4-4 所示。比较式(4-12)和式(4-13)、图 4-3 和图 4-4 可以看出,腐蚀速率和当量折算系数随温度、pH 值的变化和变化趋势一致。

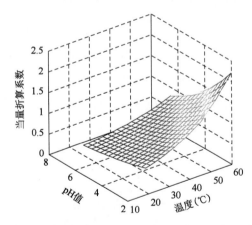

图 4-3 当量折算系数 α 与温度 T、pH 值的双指数函数曲面图

$$v_d = e^{0.03502x - 0.22654y - 2.01757} \tag{4-13}$$

式中:v_d——钢丝的腐蚀速率(mm/a);

x——温度(℃);

y——pH 值。

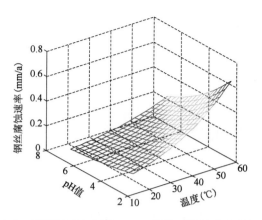

图 4-4　腐蚀速率与温度 T、pH 值的双指数函数曲面图

4.4　不同基准条件下的环境当量折算系数的转化

根据桥梁在某一时段(t_i)内的运营环境参数(温度、pH 值),由式(4-12)可以计算出对应基准试验条件($T = 50℃$、pH 值 $= 3.7$)下的当量折算系数 α_i,根据式(4-10),可以计算出试验条件下加速腐蚀试验时间为:

$$t_{ei} = \alpha_i \cdot t_i \tag{4-14}$$

钢丝在指定温度、指定 pH 值环境下的加速腐蚀试验的总时间可表达为:

$$t_e = t_{e1} + t_{e2} + \cdots + t_{ei} + \cdots + t_{en} = \sum_{i=1}^{n} \alpha_i t_{ei} \tag{4-15}$$

式中:n——桥梁在运营环境中不同温度和不同 pH 值的组合数。

当试验的环境条件改变时,即 $I_{ce} \rightarrow I'_{ce}, \alpha \rightarrow \alpha'$,则

$$\alpha = \frac{I_{ci}}{I_{ce}}, \alpha' = \frac{I_{ci}}{I'_{ce}} \cdot \frac{I_{ce}}{I_{ce}} = \frac{I_{ci}}{I_{ce}} \cdot \frac{I_{ce}}{I'_{ce}} = \frac{\alpha}{\alpha_e} \tag{4-16}$$

式中:α——原基准试验条件下的折算系数;

α'——改变后的基准试验环境条件下的折算系数;

α_e——钢丝在两种试验条件下腐蚀速率(或腐蚀电流)之比,α_e 可以由表 4-3 或式(4-13)给出。

于是,可得新的试验环境条件下的当量关系:

$$t'_{ei} = \alpha'_i \cdot t_i = \frac{\alpha_i \cdot t_i}{\alpha_e} \tag{4-17}$$

$$t'_e = t'_{e1} + t'_{e2} + \cdots + t'_{en} = \sum_{i=1}^{n} \alpha'_i \cdot t_i = \sum_{i=1}^{n} \frac{\alpha_i}{\alpha_e} \cdot t_i = \frac{1}{\alpha_e} \sum_{i=1}^{n} \alpha_i \cdot t_i \qquad (4-18)$$

式中：t'_e——钢丝在新的指定温度、指定 pH 值环境下的加速腐蚀试验的总时间。

4.5 大跨悬索桥缆索运营环境谱

采用环境谱编制方法，以润扬大桥为例编制一年的实际运营环境块参数。根据大桥的环境特点，分为两个半年进行编制。润扬大桥环境谱编制结果见表 4-6 和表 4-7。

润扬大桥缆索构件温度、pH 值年谱(11 月~次年 4 月)(单位:h)　　　表 4-6

温度(℃)	0	5	10	15	20	25	30
pH 值=5.0	52	47	38	24	22	17	12
pH 值=5.5	148	164	136	186	95	73	21
pH 值=6.0	119	178	182	184	89	65	26
pH 值=6.5	136	191	183	148	101	69	37
pH 值=7.0	83	116	158	127	85	51	12

润扬大桥缆索构件温度、pH 值年谱(5 月~10 月)(单位:h)　　　表 4-7

温度(℃)	10	15	20	25	30	35	40
pH 值=5.0	26	35	33	41	54	33	14
pH 值=5.5	87	129	177	172	143	92	20
pH 值=6.0	115	108	184	189	148	128	37
pH 值=6.5	94	116	198	157	197	115	28
pH 值=7.0	77	93	139	116	86	58	19

表 4-6 和表 4-7 中的数据代入式(4-12)、式(4-14)、式(4-15)可得：

$$t_e = 1211.637 + 1903.755 = 3115.39 \text{ (h)} \qquad (4-19)$$

因此，在 $T = 50℃$、pH 值 = 3.7 的试验环境下进行 3115.39h 试验可以代表润扬大桥缆索外露构件 1 年的实际环境腐蚀状况。

将表 4-6 和表 4-7 中的数据代入式(4-13)可以计算缆索钢丝的腐蚀速率及一年的腐蚀深度，腐蚀深度计算结果见表 4-8 和表 4-9。对表中数据进行求和可计算出，11 月~次年 4 月的腐蚀深度为 20.028μm，5 月~10 月的腐蚀深度为 31.469μm，于是拉(吊)索钢丝在零应力状态下 1 年的腐蚀深度为：

$$h = 20.028 + 31.469 = 51.497(\mu m) \qquad (4\text{-}20)$$

润扬大桥缆索构件对应环境谱的腐蚀深度(11月~次年4月)(单位:μm)　　表4-8

温度(℃)	0	5	10	15	20	25	30
pH值=5.0	0.254	0.274	0.264	0.198	0.217	0.200	0.168
pH值=5.5	0.646	0.853	0.843	1.373	0.836	0.765	0.262
pH值=6.0	0.464	0.827	1.007	1.213	0.699	0.608	0.290
pH值=6.5	0.473	0.792	0.904	0.871	0.708	0.577	0.368
pH值=7.0	0.258	0.430	0.697	0.668	0.532	0.381	0.107

润扬大桥缆索构件对应环境谱的腐蚀深度(5月~10月)(单位:μm)　　表4-9

温度(℃)	0	5	10	15	20	25	30
pH值=5.0	0.180	0.289	0.325	0.481	0.755	0.550	0.278
pH值=5.5	0.539	0.953	1.557	1.803	1.786	1.369	0.354
pH值=6.0	0.636	0.712	1.445	1.769	1.650	1.700	0.586
pH值=6.5	0.465	0.683	1.389	1.312	1.961	1.364	0.396
pH值=7.0	0.340	0.489	0.871	0.865	0.764	0.614	0.240

根据我国大气腐蚀性区域图可知,镇江位于C4区,该计算结果在表4-1中的50~80μm范围内。说明本书提出的大桥运营腐蚀环境谱的编制方法和腐蚀深度的计算方法合理,可以根据上述方法研究预测实际桥梁缆索构件的腐蚀深度及其使用寿命。

第 5 章　大跨桥梁吊索钢丝力学性能

索体是缆索承重体系桥梁中重要的传力和承载构件,也是对环境作用最为敏感的构件。腐蚀是导致钢丝力学性能下降的主要原因,直接影响到桥梁结构的安全性与耐久性,因此,对索体钢丝的力学性能退化研究具有重要的工程应用价值。

吊索是由若干根钢丝组合而成,钢丝力学性能控制着吊索结构的力学行为。在环境腐蚀及车辆荷载、风雨等共同作用下,吊索钢丝力学性能,包括抗拉强度和延伸率,会不同程度地退化,导致吊索承载力发生一定程度的折减,安全性能降低。目前,国内外学者针对钢筋混凝土结构中的锈蚀钢筋和锈蚀预应力钢筋的力学性能进行了大量研究,建立了钢筋名义强度、名义弹性模量及延伸率与锈蚀率(质量损失率和截面损失率)之间关系表达式,并对锈蚀钢筋对结构的受力性能影响进行了大量研究。但是对于索承式桥梁吊索钢丝力学性能和吊索承载力评估研究有待深入。

本章选取某实际拱桥,对更换吊索中的旧钢丝和新镀锌钢丝进行静力拉伸试验,分析了腐蚀对钢丝力学拉伸性能的影响,研究新、旧钢丝力学性能参数分布特征,以及钢丝力学性能退化规律。

5.1　系杆拱桥吊索钢丝拉伸试验

5.1.1　工程背景

袁州大桥位于宜春市,建于 1996 年,主桥为中承式钢管混凝土拱桥,主桥跨径布置为(13 + 101.4 + 13)m,上下游侧共有 15 对平行镀锌高强钢丝吊杆,钢管防护体系,内部灌注水泥浆。

2012 年初,对于袁州大桥进行了全面检测。大桥的主要病害包括:吊杆内部灌浆不密实,钢管护套锈蚀严重,高强钢丝锈蚀严重且有部分断丝;吊杆锚头钢护套内有积水,锚头及附近钢丝腐蚀严重。2012 年 6 月开始进行全桥吊杆更换及全桥维护。

为了分析腐蚀对钢丝力学拉伸性能的影响，选取拱桥更换吊索中的旧钢丝和新镀锌钢丝进行静力拉伸试验。钢丝拉伸力学试验设备为江苏法尔胜材料检测有限公司力学试验室 CMT-5205 型电子万能试验机，如图 5-1 所示。该试验机能提供的最大试验力为 200kN，为获得钢丝拉伸试验完整的应力-应变曲线，全部加载过程采用应变控制方式，加载速度为 0.5mm/min。根据现行《桥梁缆索用热镀锌或锌铝合金钢丝》（GB/T 17101）的要求，拉伸试验采用标距 250mm 的专用引伸计，如图 5-2 所示。

图 5-1 CMT-5205 型电子万能试验机

图 5-2 引伸计

5.1.2 拉伸试验试件制备

参照大桥设计资料选取强度等级相同的新钢丝作为对比试样，新钢丝选取 62 根镀锌钢丝，公称直径为 5.0mm，强度等级为 1670MPa。

旧钢丝取自袁州大桥拆换吊杆，如图 5-3 所示。试验前，先将吊杆剖开，取出吊杆中钢丝进行等长切割，每段 450mm，如图 5-4 所示。用 10% 的稀硫酸清洗钢丝表面铁锈，清洗完铁锈后用蒸馏水冲洗，棉布擦干后放入烘烤箱中干燥。为了量化钢丝的腐蚀程度，采用平均腐蚀深度 h、最大蚀坑深度 h_{max} 等参数进行评价，平均腐蚀深度 h 计算公式为：

$$h = \frac{M_0 - M_1}{\pi \rho d_0 l} \tag{5-1}$$

式中：M_0——旧钢丝未腐蚀前的原始质量(g)；

M_1——清除表面腐蚀物后的钢丝质量(g)；

ρ——钢丝材料密度(g/cm³)；

d_0——钢丝公称直径(mm)；

l——钢丝长度(mm)。

最大蚀坑深度 $h_{\max}$ 的计算公式为：

$$h_{\max} = d_0 - d_1 \tag{5-2}$$

式中：d_0——钢丝公称直径，等于5mm；

d_1——最大蚀坑深度处钢丝直径(mm)。

图5-3 旧吊杆

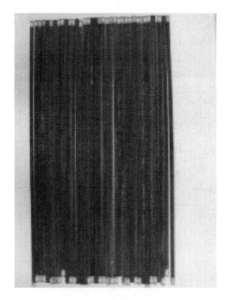

图5-4 部分旧钢丝

5.1.3 拉伸试验结果与分析

试验旧钢丝屈服强度和极限强度等力学参数仍采用钢丝公称直径计算，即不考虑腐蚀造成的局部截面面积削弱。试验前对试样进行原始标距，标距长度为250mm，钢丝的延伸率 A 的计算公式为：

$$A = \frac{L_1 - L_0}{L_0} \times 100\% \tag{5-3}$$

式中：A——钢丝的延伸率(%)；

L_1——断裂后标距长度(mm);

L_0——原始标距长度,250mm。

图 5-5 给出了不同腐蚀程度钢丝的应力-应变曲线,图中 d 为最大蚀坑深度处钢丝的直径。

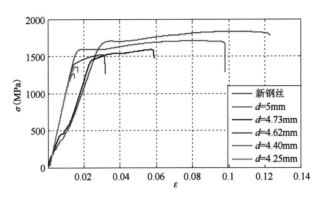

图 5-5　不同腐蚀程度钢丝的应力应变曲线

从图 5-5 中可以看出,钢丝有效直径由于腐蚀作用减小后,钢丝的极限强度、屈服强度、极限应变都出现了相应的下降。新钢丝($h_{max}=0$mm,$d=5$mm)延伸率为 6.00%,极限强度为 1833MPa,屈服强度为 1702MPa;87 号旧钢丝($h_{max}=0$mm,$d=5$mm)延伸率为 5.00%,极限强度为 1707MPa,屈服强度为 1591MPa。与新钢丝相比,87 号钢丝延伸率下降了 16.7%,极限强度下降了 6.87%,屈服强度下降了 6.52%,延伸率下降最明显,但仍然大于 4.0%,满足相关规范要求。

42 号钢丝($h_{max}=0.27$mm,$d=4.73$mm)延伸率为 2.4%,极限强度为 1591MPa,屈服强度为 1435MPa。与 87 号钢丝相比,延伸率下降 52%,极限强度下降 6.8%,屈服强度下降 9.8%。与新钢丝相比,延伸率下降 60%,极限强度下降 13.2%,屈服强度下降 15.69%,延伸率下降幅度最大且已小于规范要求的 4.0%。

80 号钢丝($h_{max}=0.38$mm,$d=4.62$mm)延伸率为 1.60%,极限强度为 1521MPa,屈服强度为 1503MPa。与 87 号钢丝相比,延伸率下降 68%,极限强度下降 10.9%,屈服强度下降 5.5%。与新钢丝相比,延伸率下降 73.33%,极限强度下降 17.02%,屈服强度下降 11.69%。

81 号钢丝($h_{max}=0.60$mm,$d=4.40$mm)延伸率为 0.48%,极限强度为 1362MPa,屈服强度为 1351MPa。与 87 号钢丝相比,延伸率下降 90.4%,极限强度下降 20.21%,屈服强度下降 15.08%。与新钢丝相比,延伸率下降 92%,极限强度下降 25.70%,屈服强度下降 20.62%。

83号钢丝($h_{max}=0.75\text{mm},d=4.25\text{mm}$)延伸率为0.43%,极限强度为1268MPa,屈服强度为1262MPa。与87号钢丝相比,延伸率下降91.4%,极限强度下降25.72%,屈服强度下降20.68%。与新钢丝相比,延伸率下降92.83%,极限强度下降30.82%,屈服强度下降20.85%。

从以上分析可以看出,随着最大蚀坑深度h_{max}的增加,钢丝的屈服强度、极限强度、延伸率都不断下降,其中延伸率下降幅度最大,极限强度下降幅度大于屈服强度下降幅度,钢丝明显呈现脆性断裂特征。

图5-6给出了部分旧钢丝的应力-应变曲线,从图中可以看出,旧钢丝延伸率、极限强度、屈服强度离散性较大。

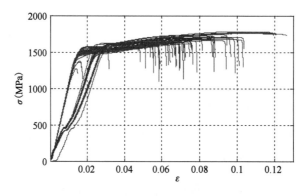

图5-6 旧钢丝应力-应变曲线

为进一步分析腐蚀对钢丝力学性能退化的影响,根据试验结果采用最大蚀坑深度h_{max}与平均腐蚀深度h来评价钢丝力学性能的退化。图5-7给出了旧钢丝极限强度与最大蚀坑深度h_{max}的关系图,从图中可以看出,钢丝极限强度随着h_{max}的增加不断下降,极限强度与h_{max}之间存在显著的线性相关性,拟合试验数据,得到极限强度R_m与h_{max}的关系式:

$$R_m = -469.26h_{max} + 1709.3, R^2 = 0.9175 \tag{5-4}$$

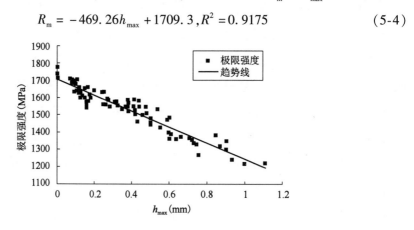

图5-7 旧钢丝极限强度与最大蚀坑深度关系图

式中：R_m——旧钢丝的极限强度（MPa）；

h_{max}——旧钢丝的最大蚀坑深度（mm）；

R^2——拟合相关系数的平方。

图 5-8 给出了旧钢丝极限强度与平均腐蚀深度 h 的关系图，从图中可以看出，钢丝极限强度随着 h 的增加不断下降，极限强度与 h 之间存在线性相关性，拟合试验数据，得到极限强度 R_m 与 h 的关系式：

$$R_m = -2710.5h + 1688.9, R^2 = 0.5892 \tag{5-5}$$

式中：R_m——旧钢丝的极限强度（MPa）；

h——旧钢丝的平均腐蚀深度（mm）；

R^2——拟合相关系数的平方。

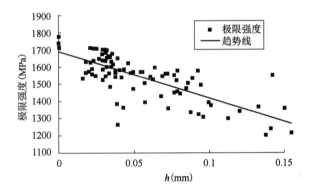

图 5-8　旧钢丝极限强度与平均腐蚀深度关系图

比较图 5-7 和图 5-8 可以看出。图 5-8 数据离散性较大，根据式（5-4）、式（5-5）中 R^2 的大小可知，评价钢丝极限强度采用平均腐蚀深度比采用最大蚀坑深度引起的误差大。因此，评价钢丝极限强度采用最大蚀坑深度更加合理和准确。

图 5-9 给出了旧钢丝屈服强度与最大蚀坑深度 h_{max} 的关系图，从图中可以看出，钢丝屈服强度随着 h_{max} 的增加不断下降，屈服强度与 h_{max} 之间存在线性相关性，拟合试验数据，得到屈服强度 R_e 与 h_{max} 的关系式：

$$R_e = -338.18h_{max} + 1520.1, R^2 = 0.7821 \tag{5-6}$$

式中：R_e——旧钢丝的屈服强度（MPa）；

h_{max}——旧钢丝的最大蚀坑深度（mm）；

R^2——拟合相关系数的平方。

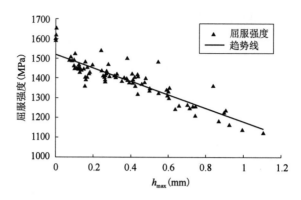

图 5-9　旧钢丝屈服强度与最大蚀坑深度关系图

图 5-10 给出了旧钢丝屈服强度与平均腐蚀深度 h 的关系图，从图中可以看出，R_e 随着 h 的增加不断下降，R_e 与 h 之间存在线性相关性，拟合得到 R_e 与 h 的关系式：

$$R_e = -2147.7h + 1515.7, R^2 = 0.6072 \tag{5-7}$$

式中：R_e——旧钢丝的屈服强度（MPa）；

　　　h——旧钢丝的平均腐蚀深度（mm）；

　　　R^2——拟合相关系数的平方。

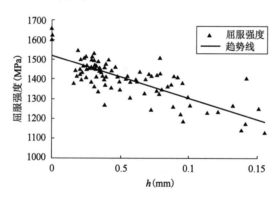

图 5-10　旧钢丝屈服强度与平均腐蚀深度关系图

比较图 5-9、图 5-10 及式(5-6)、式(5-7)的 R^2 大小可以看出，图 5-10 数据离散性较大，表明评价钢丝屈服强度采用平均腐蚀深度比采用最大蚀坑深度引起的误差大。因此，评价钢丝屈服强度采用最大蚀坑深度更加合理和准确。

图 5-11 和图 5-12 分别给出了旧钢丝强度与 h_{max} 和 h 的关系。从图可以看出，随着最大蚀坑深度与平均腐蚀深度的增加，钢丝的极限强度与屈服强度都在不断下降，但极限强度下降速率大于屈服强度，且随着腐蚀程度的增加钢丝抗拉强度值逐渐趋向于屈服强度值。从上述分析可以得出：随着腐蚀程度的增加，钢丝强化阶段不断削弱，导致钢丝的安全储备下降，直接影响桥梁索体的承载能力与耐久性。

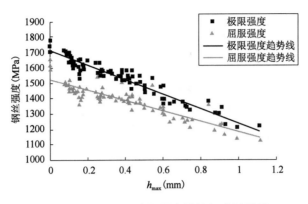

图 5-11　旧钢丝强度与最大蚀坑深度关系图

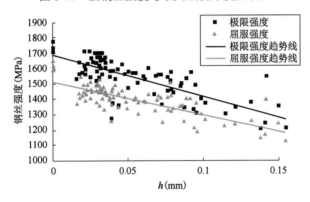

图 5-12　旧钢丝强度与平均腐蚀深度关系图

图 5-13 和图 5-14 分别给出了旧钢丝延伸率与 h_{max} 和 h 的关系。从图中可以看出，钢丝延伸率随着最大蚀坑深度与平均腐蚀深度的增加而下降，表明随着腐蚀程度的增加钢丝表面的粗糙度增加，加剧了钢丝局部区域的应力集中，有利于断裂裂纹的萌生和扩展。比较图 5-13 和图 5-14 可以看出，图 5-13 数据点的离散性明显小于图 5-14，表明采用最大蚀坑深度来评价旧钢丝延伸率的退化要优于采用平均腐蚀深度。

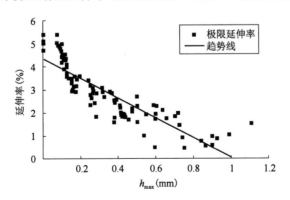

图 5-13　旧钢丝延伸率与最大蚀坑深度关系图

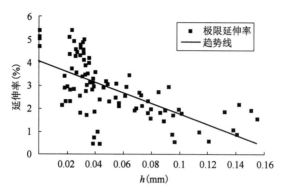

图 5-14　旧钢丝延伸率与平均腐蚀深度关系图

5.2　桥梁索体新、旧钢丝力学性能参数统计分析

5.2.1　新钢丝力学性能参数统计分析

新钢丝力学拉伸试验测得的力学性能参数包括屈服强度、极限强度、延伸率、弹性模量,表 5-1 给出新钢丝力学性能参数。

新钢丝力学性能参数　　　　表 5-1

试样编号	屈服强度(MPa)	极限强度(MPa)	延伸率(%)	弹性模量(MPa)
1	1663	1800	5.20	189998
2	1698	1812	5.20	190346
3	1674	1783	4.80	200397
4	1688	1802	5.60	189128
5	1736	1828	5.60	190356
6	1699	1814	4.80	188324
7	1685	1821	5.20	191388
8	1694	1819	4.80	200539
9	1656	1791	5.60	197997
10	1703	1828	5.60	192388
11	1712	1832	5.20	192513

续上表

试样编号	屈服强度(MPa)	极限强度(MPa)	延伸率(%)	弹性模量(MPa)
12	1684	1819	4.80	201318
13	1686	1803	5.20	204260
14	1694	1803	5.60	192131
15	1702	1823	4.80	199429
16	1703	1815	6.00	186424
17	1715	1831	5.20	188543
18	1693	1806	4.80	190295
19	1702	1815	5.60	199749
20	1717	1826	5.60	191753
21	1709	1815	6.00	190125
22	1685	1824	4.80	191866
23	1699	1830	5.20	190597
24	1660	1805	5.20	188217
25	1662	1797	4.80	187842
26	1722	1828	5.60	189209
27	1714	1820	6.00	191277
28	1731	1846	4.80	186633
29	1715	1848	5.60	190575
30	1655	1794	5.60	190005
31	1700	1826	5.60	185647
32	1709	1839	5.20	190184
33	1667	1785	4.80	194408
34	1698	1825	5.60	196659
35	1704	1839	5.20	196865
36	1719	1848	4.80	196561
37	1698	1836	5.20	198430
38	1701	1839	5.60	192262

续上表

试样编号	屈服强度(MPa)	极限强度(MPa)	延伸率(%)	弹性模量(MPa)
39	1720	1847	4.80	196775
40	1692	1819	5.20	196862
41	1773	1894	6.40	199411
42	1711	1847	5.60	202564
43	1683	1810	4.80	194602
44	1702	1833	6.00	187214
45	1704	1838	5.20	191210
46	1668	1789	4.80	207765
47	1707	1837	5.20	193025
48	1653	1798	4.80	205662
49	1718	1824	5.60	194281
50	1672	1804	5.20	203021
51	1674	1809	5.60	203843
52	1679	1802	5.60	205362
53	1661	1785	5.20	186918
54	1703	1809	5.60	206293
55	1656	1779	5.20	189697
56	1665	1786	5.60	202126
57	1683	1799	5.20	189686
58	1681	1812	5.20	200258
59	1670	1777	5.20	188680
60	1693	1805	5.60	200857
61	1726	1834	5.60	202471
62	1651	1777	4.80	200345

为直观分析新钢丝力学性能参数分布规律,利用 MATLAB 软件绘制出了新钢丝弹性模量、延伸率、屈服强度、极限强度和 K 值(极限强度与屈服强度的比值)的统计直方图及相应正态分布、对数正态分布、韦伯分布概率密度曲线,如图 5-15 所示。

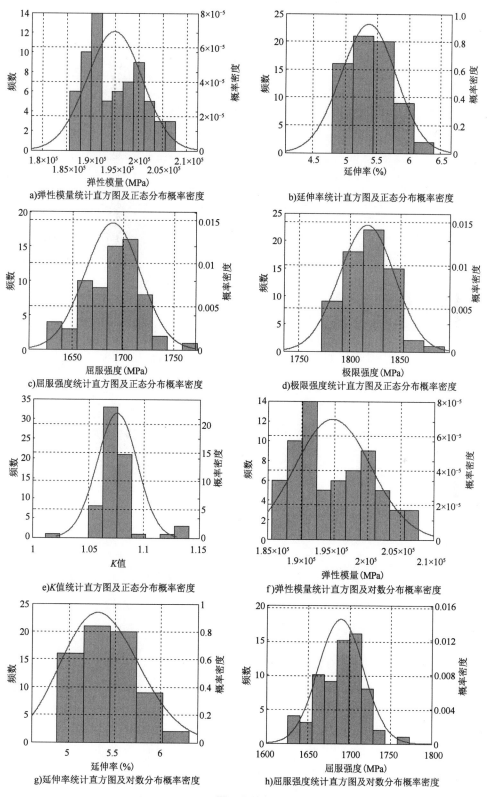

图 5-15

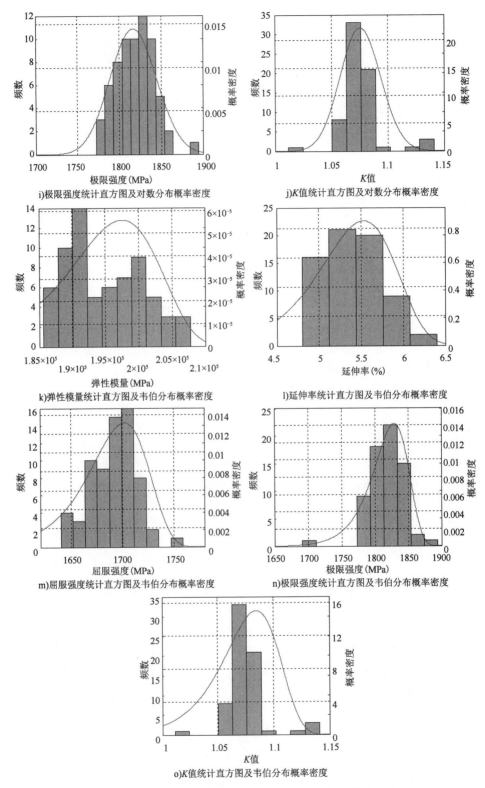

图 5-15 新钢丝力学性能参数统计直方图及相应概率密度

利用 MATLAB 软件对试验数据进行统计分析得到新钢丝力学性能参数和 K 值的统计结果,见表 5-2 和表 5-3。

新钢丝力学性能参数统计　　　　　　表 5-2

力学性能参数	正态分布		对数正态分布		韦伯分布	
	均值	标准差	均值	标准差	a	b
弹性模量	194734.97	5989.74	12.1789	0.0305	197718.80	33.14
延伸率	5.30	0.39	1.6645	0.0726	5.4798	13.70
屈服强度	1693.56	23.70	7.4345	0.0140	1705.44	64.22
极限强度	1816.62	21.75	7.5047	0.0119	1827.68	71.82
K 值	1.0727	0.0074	0.0702	0.0069	1.0763	161.50

注:K 值为新钢丝极限强度与屈服强度的比值。

新钢丝力学性能参数正态分布、对数正态分布和韦伯分布概率密度函数　　表 5-3

参数	正态分布概率密度函数	对数正态分布概率密度函数
弹性模量	$f(E) = \dfrac{1}{\sqrt{2\pi}\sigma} e^{\left[-\dfrac{(E-\mu)^2}{2\sigma^2}\right]}$ $= 6.66 \times 10^{-5} e^{\left[-1.39365 \times 10^{-8}(E-194734.97)^2\right]}$	$f(E) = \dfrac{1}{\sqrt{2\pi}\sigma E} e^{\left[-\dfrac{(\ln E-\mu)^2}{2\sigma^2}\right]}$ $= \dfrac{13.080}{E} e^{\left[-537.490(\ln E-12.1789)^2\right]}$
延伸率	$f(A) = \dfrac{1}{\sqrt{2\pi}\sigma} e^{\left[-\dfrac{(A-\mu)^2}{2\sigma^2}\right]}$ $= 1.023 e^{\left[-3.287 \times e^{(A-5.30)^2}\right]}$	$f(A) = \dfrac{1}{\sqrt{2\pi}\sigma A} e^{\left[-\dfrac{(\ln A-\mu)^2}{2\sigma^2}\right]}$ $= \dfrac{5.4951}{A} e^{\left[-94.8630 e^{(\ln A-1.6645)^2}\right]}$
屈服强度	$f(f_y) = \dfrac{1}{\sqrt{2\pi}\sigma} e^{\left[-\dfrac{(f_y-\mu)^2}{2\sigma^2}\right]}$ $= 0.01683 e^{\left[-8.9017 \times 10^{-4} e^{(f_y-1693.56)^2}\right]}$	$f(f_y) = \dfrac{1}{\sqrt{2\pi}\sigma f_y} e^{\left[-\dfrac{(\ln f_y-\mu)^2}{2\sigma^2}\right]}$ $= \dfrac{28.4959}{f_y} e^{\left[-2551.01 e^{(\ln f_y-7.4345)^2}\right]}$
极限强度	$f(f_u) = \dfrac{1}{\sqrt{2\pi}\sigma} e^{\left[-\dfrac{(f_u-\mu)^2}{2\sigma^2}\right]}$ $= 0.01834 e^{\left[-1.057 \times 10^{-3} e^{(f_u-1816.62)^2}\right]}$	$f(f_u) = \dfrac{1}{\sqrt{2\pi}\sigma f_u} e^{\left[-\dfrac{(\ln f_u-\mu)^2}{2\sigma^2}\right]}$ $= \dfrac{33.5246}{f_u} e^{\left[-3530.82 e^{(\ln f_u-7.5047)^2}\right]}$
K 值	$f(K) = \dfrac{1}{\sqrt{2\pi}\sigma} e^{\left[-\dfrac{(K-\mu)^2}{2\sigma^2}\right]}$ $= 53.91 e^{\left[-9130.75 e^{(K-1.0727)^2}\right]}$	$f(K) = \dfrac{1}{\sqrt{2\pi}\sigma K} e^{\left[-\dfrac{(\ln K-\mu)^2}{2\sigma^2}\right]}$ $= \dfrac{57.82}{K} e^{\left[-10502.00 e^{(\ln K-0.0702)^2}\right]}$

续上表

参数	韦伯分布概率密度函数
弹性模量	$f(E) = \dfrac{a}{b}\left(\dfrac{E}{a}\right)^{b-1} e^{-\left(\frac{E}{a}\right)^b} = 5966.17\left(\dfrac{E}{197718.80}\right)^{32.14} e^{-\left(\frac{E}{197718.80}\right)^{33.14}}$
延伸率	$f(A) = \dfrac{a}{b}\left(\dfrac{A}{a}\right)^{b-1} e^{-\left(\frac{A}{a}\right)^b} = 0.400\left(\dfrac{A}{5.4798}\right)^{12.70} e^{-\left(\frac{A}{5.4798}\right)^{13.70}}$
屈服强度	$f(f_y) = \dfrac{a}{b}\left(\dfrac{f_y}{a}\right)^{b-1} e^{-\left(\frac{f_y}{a}\right)^b} = 26.5562\left(\dfrac{f_y}{1705.44}\right)^{63.22} e^{-\left(\frac{f_y}{1705.44}\right)^{64.22}}$
极限强度	$f(f_u) = \dfrac{a}{b}\left(\dfrac{f_u}{a}\right)^{b-1} e^{-\left(\frac{f_u}{a}\right)^b} = 25.4481\left(\dfrac{f_u}{1827.68}\right)^{70.82} e^{-\left(\frac{f_u}{1827.68}\right)^{71.82}}$
K 值	$f(K) = \dfrac{a}{b}\left(\dfrac{K}{a}\right)^{b-1} e^{-\left(\frac{K}{a}\right)^b} = 6.6644 \times 10^{-3}\left(\dfrac{K}{1.0763}\right)^{160.50} e^{-\left(\frac{K}{1.0763}\right)^{161.50}}$

利用 MATLAB 软件中单个样本分布的 K-S 假设检验,对新钢丝弹性模量、延伸率、屈服强度、极限强度和 K 值的概率分布进行检验,检验结果见表 5-4。

新钢丝力学性能参数 K-S 检验结果　　　　　　　　　表 5-4

分布类型	力学性能参数	零假设发生概率 p	测试统计值 k	临界值 c	检验结果 h
正态分布	弹性模量	0.0723	0.1608	0.1696	$h=0$
	延伸率	0.0151	0.1953	0.1696	$h=1$
	屈服强度	0.7272	0.0852	0.1696	$h=0$
	极限强度	0.9805	0.0571	0.1696	$h=0$
	K 值	0.7108	0.0864	0.1696	$h=0$
对数正态分布	弹性模量	0.0849	0.15678	0.16956	$h=0$
	延伸率	0.0177	0.1921	0.16956	$h=1$
	屈服强度	0.6960	0.08753	0.16956	$h=0$
	极限强度	0.9802	0.0572	0.16956	$h=0$
	K 值	0.7179	0.08587	0.16956	$h=0$
韦伯分布	弹性模量	0.0348	0.1778	0.16956	$h=1$
	延伸率	0.0068	0.21077	0.16956	$h=1$
	屈服强度	0.3365	0.1171	0.16956	$h=0$
	极限强度	0.2782	0.1234	0.16956	$h=0$
	K 值	0.7847	0.0806	0.16956	$h=0$

注:$h=0$、$k \leq c$ 表示接受原假设;$h=1$、$k>c$ 表示拒绝原假设;表中指定显著水平为 0.05。

从表 5-4 中可以看出,在 0.05 的显著性水平下,新钢丝弹性模量不拒绝正态分布和对数正态分布,但拒绝韦伯分布,比较 p 值可知,弹性模量采用对数正态分布拟合效果最好,$\ln(E) \sim N(12.1789, 0.0305)$;屈服强度不拒绝正态分布、对数正态分布和韦伯分布,比较 p 值可知,屈服强度采用正态分布拟合效果最好,$f_y \sim N(1693.56, 23.70^2)$;极限强度不拒绝正态分布、对数正态分布和韦伯分布,比较 p 值可知,极限强度采用正态分布拟合效果最好,$f_u \sim N(1816.62, 21.75^2)$;$K$ 值不拒绝正态分布、对数正态分布和韦伯分布,比较 p 值可知,K 值采用韦伯分布拟合效果最好,韦伯分布参数为 $(1.0763, 161.50)$。

从表 5-4 中可以看出,新钢丝延伸率均值为 5.30,标准差为 0.39,但拒绝正态分布、对数正态分布和韦伯分布,分析原因为新钢丝表面较为规整,延伸率离散性小。

5.2.2 旧钢丝力学性能参数统计分析

本次旧钢丝拉伸试验得到的力学性能参数包含屈服强度、极限强度、延伸率、弹性模量,表 5-5 给出旧钢丝力学性能参数。

旧钢丝力学性能参数 表 5-5

试样编号	屈服强度(MPa)	极限强度(MPa)	延伸率(%)	弹性模量(MPa)
1	1594	1736	4.40	186154
2	1511	1650	4.80	201831
3	1539	1675	4.40	194964
4	1529	1646	2.80	191035
5	1555	1652	3.20	200638
6	1507	1645	4.40	205985
7	1509	1650	4.80	206865
8	1517	1518	0.80	195470
9	1581	1668	2.40	190515
10	1491	1561	1.60	191671
11	1512	1614	2.00	201422
12	1530	1627	2.80	206579
13	1536	1667	3.60	210019
14	1497	1635	4.40	204354

续上表

试样编号	屈服强度(MPa)	极限强度(MPa)	延伸率(%)	弹性模量(MPa)
15	1523	1609	2.40	201888
16	1500	1592	2.40	193147
17	1559	1612	2.00	223006
18	1524	1623	2.40	221906
19	1532	1599	1.60	192548
20	1514	1641	3.20	195200
21	1515	1582	1.60	200328
22	1524	1662	3.60	205613
23	1530	1656	2.80	214257
24	1501	1639	3.20	199687
25	1543	1654	2.80	203366
26	1530	1668	4.80	201812
27	1523	1605	2.40	202989
28	1531	1563	1.60	202701
29	1518	1530	1.20	205848
30	1519	1569	2.00	197530
31	1544	1613	2.00	205358
32	1512	1597	1.60	198689
33	1552	1695	4.40	217451
34	1600	1703	2.80	193606
35	1539	1667	3.20	199219
36	1530	1548	1.60	197100
37	1523	1626	2.40	198743
38	1500	1602	2.40	208394
39	1499	1644	3.20	211117
40	1473	1632	2.80	217128
41	1493	1646	2.92	214323
42	1435	1591	2.40	206458

续上表

试样编号	屈服强度(MPa)	极限强度(MPa)	延伸率(%)	弹性模量(MPa)
43	1487	1535	1.00	213716
44	1527	1709	5.20	189822
45	1514	1626	2.60	206786
46	1525	1647	3.12	203632
47	1499	1696	5.00	210107
48	1500	1682	4.32	212668
49	1482	1632	2.60	198675
50	1460	1648	2.84	206644
51	1494	1672	3.60	210702
52	1508	1585	1.80	209822
53	1470	1610	2.80	203679
54	1616	1616	2.72	204918
55	1500	1587	2.40	206173
56	1527	1618	2.60	205205
57	1554	1700	3.40	206591
58	1499	1640	3.40	206978
59	1487	1622	2.40	205233
60	1533	1696	5.20	208546
61	1477	1607	2.80	203747
62	1445	1585	2.60	203564
63	1573	1738	4.88	207209
64	1486	1626	3.60	204784
65	1542	1634	2.32	205970
66	1515	1675	5.60	207334
67	1525	1680	4.12	205620
68	1520	1651	3.40	208079
69	1504	1657	4.88	206743
70	1464	1614	3.80	207691

续上表

试样编号	屈服强度(MPa)	极限强度(MPa)	延伸率(%)	弹性模量(MPa)
71	1502	1649	4.00	204906
72	1550	1709	5.52	207264
73	1536	1658	3.20	206418
74	1565	1720	4.00	204840
75	1481	1617	3.00	208290
76	1470	1579	1.84	202184
77	1515	1632	2.80	203504
78	1525	1567	1.80	206760
79	1506	1605	2.44	202731
80	1503	1521	1.60	201607
81	1351	1362	0.48	202823
82	1490	1632	3.00	207083
83	1262	1268	0.48	201767
84	1504	1565	2.20	205464
85	1365	1379	0.76	203385
86	1491	1639	3.20	204569
87	1591	1707	5.00	203623
88	1618	1735	5.40	198177
89	1601	1733	5.12	202642
90	1658	1778	4.72	206615
91	1620	1768	6.00	195310
92	1568	1782	6.00	195623
93	1556	1762	6.40	196335
94	1552	1771	6.00	197388
95	1559	1759	5.92	196713

利用 MATLAB 软件给制出了旧钢丝弹性模量、延伸率、屈服强度、极限强度和 K 值（极限强度与屈服强度的比值）的统计直方图及相应正态分布、对数正态分布、韦伯分布概率密度曲线，如图 5-16 所示。

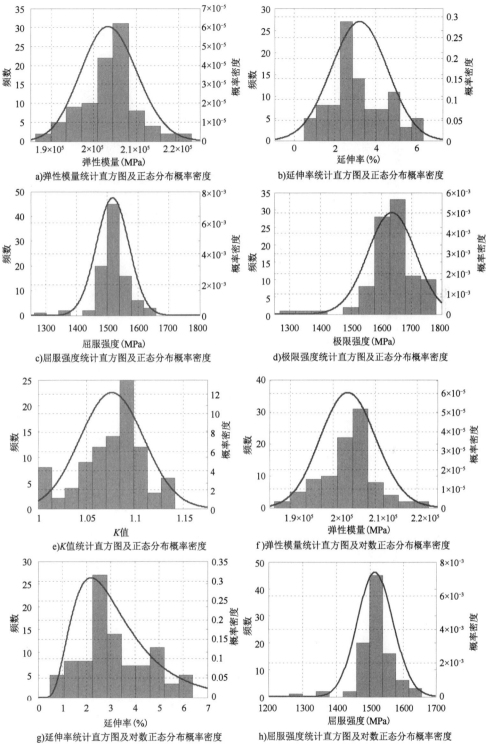

图 5-16

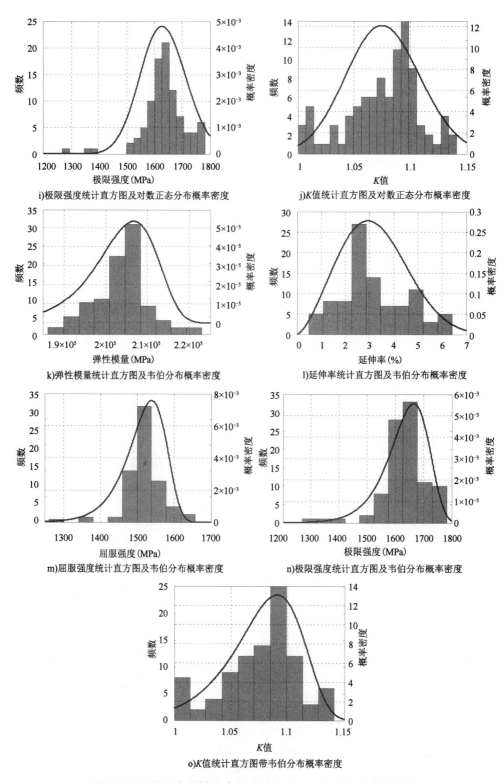

图 5-16 旧钢丝力学性能参数统计直方图及相应概率密度曲线

利用 MATLAB 软件对旧钢丝试验数据进行统计分析,得到旧钢丝力学性能参数和 K 值统计分析结果,见表 5-6 和表 5-7。

旧钢丝力学性能参数统计　　　　　　　　　　　　　　　　　　　　表 5-6

力学性能参数	正态分布		对数正态分布		韦伯分布	
	均值	标准差	均值	标准差	a	b
弹性模量	203721.81	6589.88	12.2240	0.0324	206914.42	29.99
延伸率	3.20	1.38	1.0518	0.5152	3.61	2.49
屈服强度	1517.537	52.52	7.3242	0.0356	1540.84	31.69
极限强度	1633.69	79.48	7.3974	0.0509	1667.55	25.22
K 值	1.076	0.0333	0.0731	0.0307	1.091	38.76

注：K 值为旧钢丝极限强度与屈服强度的比值。

旧钢丝力学性能参数正态分布、对数正态分布和韦伯分布概率密度函数　　　表 5-7

参数	正态分布概率密度函数	对数正态分布概率密度函数
弹性模量	$f(E)=\dfrac{1}{\sqrt{2\pi}\sigma}e^{\left[-\dfrac{(E-\mu)^2}{2\sigma^2}\right]}$ $=6.054\times10^{-5}e^{\left[-1.151\times10^{-8}(E-203721.81)^2\right]}$	$f(E)=\dfrac{1}{\sqrt{2\pi}\sigma E}e^{\left[-\dfrac{(\ln E-\mu)^2}{2\sigma^2}\right]}$ $=\dfrac{12.467}{E}e^{\left[-488.281(\ln E-12.22)^2\right]}$
延伸率	$f(A)=\dfrac{1}{\sqrt{2\pi}\sigma}e^{\left[-\dfrac{(A-\mu)^2}{2\sigma^2}\right]}$ $=0.289e^{\left[-0.263e(A-3.20)^2\right]}$	$f(A)=\dfrac{1}{\sqrt{2\pi}\sigma A}e^{\left[-\dfrac{(\ln A-\mu)^2}{2\sigma^2}\right]}$ $=\dfrac{0.775}{A}e^{\left[-1.885e(\ln A-1.052)^2\right]}$
屈服强度	$f(f_y)=\dfrac{1}{\sqrt{2\pi}\sigma}e^{\left[-\dfrac{(f_y-\mu)^2}{2\sigma^2}\right]}$ $=0.0076e^{\left[-1.813\times10^{-4}(f_y-1517.537)^2\right]}$	$f(f_y)=\dfrac{1}{\sqrt{2\pi}\sigma f_y}e^{\left[-\dfrac{(\ln f_y-\mu)^2}{2\sigma^2}\right]}$ $=\dfrac{11.082}{f_y}e^{\left[-385.802e(\ln f_y-7.32)^2\right]}$
极限强度	$f(f_u)=\dfrac{1}{\sqrt{2\pi}\sigma}e^{\left[-\dfrac{(f_u-\mu)^2}{2\sigma^2}\right]}$ $=0.0050e^{\left[-7.915\times10^{-5}e(f_y-1633.69)^2\right]}$	$f(f_u)=\dfrac{1}{\sqrt{2\pi}\sigma f_u}e^{\left[-\dfrac{(\ln f_u-\mu)^2}{2\sigma^2}\right]}$ $=\dfrac{7.822}{f_u}e^{\left[-192.234e(\ln f_y-7.40)^2\right]}$
K 值	$f(K)=\dfrac{1}{\sqrt{2\pi}\sigma}e^{\left[-\dfrac{(K-\mu)^2}{2\sigma^2}\right]}$ $=11.98e^{\left[-450.901e(K-1.076)^2\right]}$	$f(K)=\dfrac{1}{\sqrt{2\pi}\sigma K}e^{\left[-\dfrac{(\ln K-\mu)^2}{2\sigma^2}\right]}$ $=\dfrac{12.869}{K}e^{\left[-520.29e(\ln K-0.073)^2\right]}$

续上表

参数	韦伯分布概率密度函数
弹性模量	$f(E)=\frac{a}{b}(\frac{E}{a})^{b-1}\mathrm{e}^{(-\frac{E}{a})^b}=6899.447(\frac{E}{206914.42})^{28.99}\mathrm{e}^{(-\frac{E}{206914.42})^{-29.99}}$
延伸率	$f(A)=\frac{a}{b}(\frac{A}{a})^{b-1}\mathrm{e}^{(-\frac{A}{a})^b}=1.450(\frac{A}{3.61})^{1.49}\mathrm{e}^{(-\frac{A}{3.61})^{2.49}}$
屈服强度	$f(f_y)=\frac{a}{b}(\frac{f_y}{a})^{b-1}\mathrm{e}^{(-\frac{f_y}{a})^b}=48.622(\frac{f_y}{1540.84})^{30.69}\mathrm{e}^{(-\frac{f_y}{1540.84})^{31.69}}$
极限强度	$f(f_u)=\frac{a}{b}(\frac{f_u}{a})^{b-1}\mathrm{e}^{(-\frac{f_u}{a})^b}=66.120(\frac{f_u}{1667.55})^{24.22}\mathrm{e}^{(-\frac{f_u}{1667.55})^{25.22}}$
K 值	$f(K)=\frac{a}{b}(\frac{K}{a})^{b-1}\mathrm{e}^{(-\frac{K}{a})^b}=0.0281(\frac{K}{1.091})^{37.76}\mathrm{e}^{(-\frac{K}{1.091})^{38.76}}$

利用 MATLAB 软件对旧钢丝弹性模量、延伸率、屈服强度、极限强度和 K 值的概率分布进行 K-S 假设检验,检验结果见表 5-8。

旧钢丝力学性能参数 K-S 检验结果   表 5-8

分布类型	力学性能参数	零假设发生概率 p	测试统计值 k	临界值 c	检验结果 h
正态分布	弹性模量	0.25512	0.102311	0.13746	$h=0$
	延伸率	0.11363	0.121053	0.13746	$h=0$
	屈服强度	0.056	0.13542	0.13746	$h=0$
	极限强度	0.15216	0.11465	0.13746	$h=0$
	K 值	0.24363	0.103474	0.13746	$h=0$
对数正态分布	弹性模量	0.29155	0.098862	0.13746	$h=0$
	延伸率	0.05843	0.134499	0.13746	$h=0$
	屈服强度	0.02738	0.148342	0.13746	$h=1$
	极限强度	0.07985	0.128361	0.13746	$h=0$
	K 值	0.20821	0.107338	0.13746	$h=0$
韦伯分布	弹性模量	0.01737	0.156057	0.13746	$h=1$
	延伸率	0.30769	0.09743	0.13746	$h=0$
	屈服强度	0.03056	0.14641	0.13746	$h=1$
	极限强度	0.13727	0.11695	0.13746	$h=0$
	K 值	0.66120	0.073205	0.13746	$h=0$

注:$h=0$、$k\leqslant c$ 表示接受原假设;$h=1$、$k>c$ 表示拒绝原假设;表中指定显著水平为 0.05。

从表 5-8 可以看出,在 0.05 的显著性水平下,旧钢丝弹性模量不拒绝正态分布和对数正态分布,但拒绝韦伯分布,比较 p 值可知,弹性模量采用对数正态分布拟合效果最好,$\ln(E) \sim N(12.22, 0.0032)$;屈服强度不拒绝正态分布,但拒绝对数正态分布和韦伯分布,$f_y \sim N(1517.537, 52.52^2)$;延伸率不拒绝正态分布、对数正态分布和韦伯分布,比较 p 值可知,延伸率采用韦伯分布拟合效果最好,$A \sim W(3.61, 2.49)$;K 值不拒绝正态分布、对数正态分布和韦伯分布,比较 p 值可知,K 值采用韦伯分布拟合效果最好,$K \sim W(1.091, 38.76)$;极限强度不拒绝正态分布、对数正态分布和韦伯分布,比较 p 值可知,极限强度采用正态分布拟合效果最好,$f_u \sim N(1633.69, 79.84^2)$。

5.2.3 钢丝力学性能规律研究

由表 5-4 和表 5-8 可以得到新旧钢丝力学性能参数分布规律,见表 5-9。

钢丝力学性能参数分布   表 5-9

力学性能参数	新钢丝服从分布	旧钢丝服从分布
弹性模量	$\ln(E) \sim N(12.1789, 0.0305)$	$\ln(E) \sim N(12.2240, 0.0324)$
延伸率	均值 5.30,标准差 0.39	$A \sim W(3.61, 2.49)$
屈服强度	$f_y \sim N(1693.56, 23.70^2)$	$f_y \sim N(1517.537, 52.52^2)$
极限强度	$f_u \sim N(1816.62, 21.75^2)$	$f_u \sim N(1633.69, 79.84^2)$
K 值	$K \sim W(1.0763, 161.50)$	$K \sim W(1.091, 38.76)$

从表 5-9 可以看出,旧钢丝弹性模量均值比新钢丝增加约为 4.61%、标准差增加约为 10.02%,参照已有研究,考虑到拉伸试验设备对钢丝弹性模量的影响,可以认为腐蚀对钢丝弹性模量的影响不大。

由表 5-4 和表 5-8 的统计数据可以看出,与新钢丝相比旧钢丝延伸率均值下降 39.62%,标准差增加 254.44%。从概率分布可以看出,新钢丝延伸率离散性较小,拒绝正态分布、对数正态分布和韦伯分布,旧钢丝离散性明显增大,旧钢丝延伸率不拒绝正态分布、对数正态分布和韦伯分布。

由表 5-9 可以看出,新钢丝屈服强度服从 $f_y \sim N(1693.56, 23.70^2)$,旧钢丝屈服强度服从 $f_y \sim N(1517.537, 52.52^2)$,旧钢丝屈服强度均值与新钢丝相比,下降了约 10.39%,标准差增加 121.60%。图 5-17 给出了新钢丝、旧钢丝屈服强度概率密度分布。从图 5-17 可以看出,旧钢丝屈服强度概率密度分布左移且概率密度曲线较扁平,表明旧钢丝屈服强度由于腐蚀的影响而下降且离散性增大。

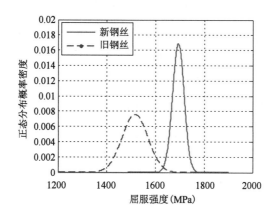

图 5-17 新钢丝、旧钢丝屈服强度概率密度分布

由表 5-9 可以看出，新钢丝极限强度服从 $f_u \sim N(1816.62, 21.75^2)$，旧钢丝极限强度服从 $f_u \sim N(1633.69, 79.84^2)$，旧钢丝极限强度均值与新钢丝相比，下降了约 10.07%，标准差增加 267.08%。图 5-18 给出了新钢丝、旧钢丝极限强度概率密度分布。由图 5-18 可以看出旧钢丝极限强度概率密度分布左移且图形曲线较扁平，表明腐蚀引起了钢丝极限强度的下降和离散性的增大。

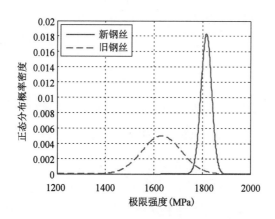

图 5-18 新钢丝、旧钢丝极限强度概率密度分布

由表 5-9 可以看出，新钢丝、旧钢丝 K 值的均值变化较小，但旧钢丝 K 值的标准差是新钢丝的 4.45 倍，说明虽然新钢丝与旧钢丝 K 值变化不大，但 K 值的离散性变化很大。新、旧钢丝 K 值均不拒绝正态分布、对数正态分布和韦伯分布，且韦伯分布拟合效果最好。图 5-19 给出了新钢丝、旧钢丝 K 值概率密度分布。

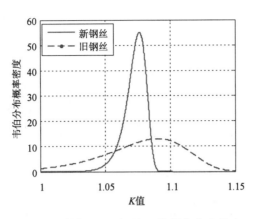

图 5-19 新钢丝、旧钢丝 K 值概率密度分布

5.3 桥梁索体新、旧钢丝拉伸断口特征

5.3.1 钢丝拉伸断口特征

断口分析可以认知断口的特征、性状,揭示断裂过程的机理,因此有必要对钢丝拉伸试验的断口进行研究。根据断口外观形貌特征的不同,将本次钢丝拉伸试验断口按表 5-10 分类。

钢丝拉伸断口 表 5-10

钢丝种类	断口名称	横向形貌	纵向形貌
新钢丝	杯口状		
旧钢丝	杯口状		

续上表

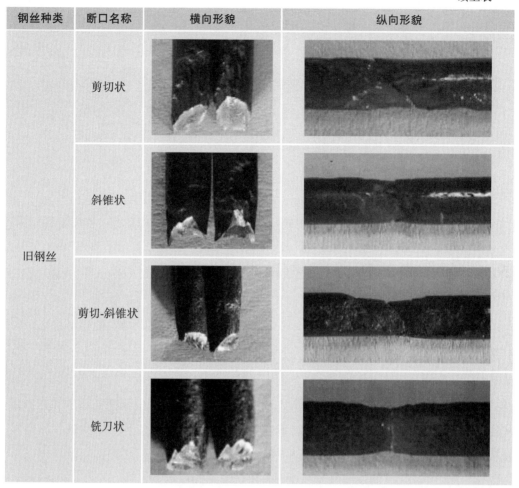

钢丝种类	断口名称	横向形貌	纵向形貌
旧钢丝	剪切状		
	斜锥状		
	剪切-斜锥状		
	铣刀状		

　　杯口状断口存在明显的纤维区、放射区和剪切唇,断口较为平整,断口附近区域颈缩明显,属于典型的延性断裂。剪切状断口与钢丝纵向约呈 45°角,断口较为平整,断口附近区域颈缩不显著,属于脆性断裂。斜锥状断口存在纤维区和放射区,但纤维区和放射区不规整,剪切唇所占比例较小,且分布在断面两侧,呈脆性断裂特征。剪切-斜锥状断口约 3/4 区域呈现剪切状特征、1/4 区域呈现斜锥状特征,断口呈脆断特征。铣刀状断口放射区区域分布较广,剪切唇不明显,断口附近存在一定程度颈缩现象,呈现一定的延性破坏特征。

5.3.2　钢丝拉伸断口分析

　　杯口状断口纤维区位于断口中央,裂纹核心在该区形成,并产生于颈缩的中央。裂纹的产生是由于晶界、夹杂物或缺陷破裂形成的显微空洞,随着应力的提高,空洞不断生长后相互连接,同时产生新的空洞,促进裂纹的生长和扩展,当裂纹由稳定扩展向快速不稳定扩展就转化形成了放射区,最后快速不稳定扩展形成剪切唇后断裂。杯口状断口呈现延性断裂特征。新钢丝呈现杯口状断口,延伸率均值达到 5.36%。

剪切状断口由于在平面应力条件下,形变约束小,滑移剪切相对比较容易,裂纹沿最大切应力方向扩展,因而断口与纵向约成 45°角。剪切状断口钢丝延伸率较小,呈现脆性断裂特征。如 81 号旧钢丝为典型的剪切状断口,延伸率为 0.48%。

斜锥状断口由于钢丝表面腐蚀蚀坑的存在导致了蚀坑处的应力集中,裂纹起源于蚀坑或者蚀坑附近,纤维区不在断口中央而沿圆周分布,裂纹从纤维区向试样内部扩展。钢丝表面由于受到蚀坑的约束从而抑制了剪切唇的形成。斜锥状断口较粗糙,呈现脆性断裂特征。如 76 号旧钢丝为典型的斜锥状断口,延伸率为 1.84%。

剪切-斜锥状断口裂纹起源于蚀坑或者蚀坑附近,裂纹开始沿纵向约呈 45°角扩展,由于钢丝腐蚀的不均匀性,与蚀坑相对的表面腐蚀较轻或基本未腐蚀,当裂纹扩展至腐蚀较轻的相对面时形成剪切唇,呈现脆性断裂特征。如 83 号旧钢丝为典型的剪切-斜锥状断口,延伸率为 0.48%。

铣刀状断口裂纹可能起源于表面蚀坑或者蚀坑附近,也可能在钢丝中心形成,铣刀状断口钢丝腐蚀较轻,钢丝表面形成了肉眼能观察到的较小蚀坑,受到蚀坑的影响铣刀状断口的剪切唇与杯口状断口剪切唇相比较小,放射区与杯口状断口放射区相比较大。铣刀状断口较粗糙,呈现延性断裂特征。如 70 号旧钢丝为典型的铣刀状断口,延伸率为 3.80%。

第6章 桥梁吊杆的疲劳分析

6.1 疲劳分析的基本概念与变量

疲劳分析与静力分析不同,疲劳分析时所需考察的是结构所承受的动力荷载作用。我们需要研究的不仅有力的大小,还有力的作用时间。因此,我们需要建立应力-时间的关系曲线图,即应力历程曲线,如图6-1所示。

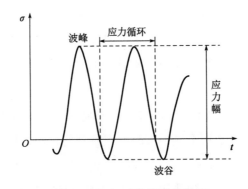

图 6-1　应力-时间关系曲线图

我们把应力变化经历一个完整的循环所用的时间 T,叫作一个周期。结构在循环荷载的作用下,产生疲劳裂纹,直至疲劳失效所承受的循环荷载的次数 N,叫作结构的疲劳寿命。其他一些常用概念如下:

疲劳荷载:在使用过程中,引起桥梁结构应力变化的荷载,如车辆荷载、人群荷载、风荷载等。

疲劳应力:疲劳荷载引起构件的相应应力。

荷载谱和应力谱:荷载和应力随时间变化的历程分别为荷载谱和应力谱。

疲劳应力参数:最大应力 σ_{max},最小应力 σ_{min},应力幅 $\Delta\sigma = \sigma_{max} - \sigma_{min}$,应力比 $\rho = \sigma_{min}/\sigma_{max}$(拉应力取正号,压应力取负号),平均应力 $\sigma_m = (\sigma_{max} + \sigma_{min})/2 = (1 + \rho)\sigma_{max}/2$。

常幅疲劳:如果交变应力的幅值不变、频率不变,这种疲劳称为常幅疲劳。

变幅疲劳:如果交变应力的幅值改变、频率不变,这种疲劳称为变幅疲劳。

随机疲劳：如果交变应力的幅值和频率都变化，这种疲劳称为随机疲劳。但应力变化的频率对疲劳强度影响不大，所以一般将应力幅值变化的疲劳统称为变幅疲劳。

疲劳强度：钢材在某一连续反复荷载作用下，经过一定次数的应力应变循环后出现疲劳破坏和相应的最大应力。

疲劳极限：当应力应变循环次数无限大时，相应的最大应力 σ_{max}。钢材 S-N 曲线的转折点一般都在 10^7 次循环之前，因此一般认为钢材试样只要经过 10^7 次循环不破坏就可以承受无限多次循环而永不破坏。

疲劳寿命：钢材在疲劳破坏前经历的应力应变循环次数，一般用 N 表示。

6.2 吊杆疲劳破坏的特征与过程

6.2.1 疲劳破坏的特征

吊杆的疲劳破坏不同于静力强度破坏，在破坏机理与表现形式上都与静力破坏有着许多不同。

(1)静力破坏是一次最大荷载作用下的破坏，疲劳破坏是多次反复荷载作用下产生的破坏，它不是短期内发生的，而是要经历一定的时间，甚至很长时间才发生破坏。疲劳破坏具有长期性。

(2)静力破坏是在极限状态下发生的破坏，疲劳破坏是结构构件在低应力状态下的破坏，从而导致我们无法准确计算出疲劳破坏的具体位置与时间，只能通过一定的断裂理论，并结合试验数据对疲劳破坏时间做出估计。疲劳破坏具有不可确定性。

(3)大部分结构在发生静力破坏前有一定的塑性变形阶段（即使如混凝土、砌体等脆性破坏材料，我们也通过配筋设计或多道防线设计保证其具有一定的塑性），疲劳破坏在宏观上没有明显的塑性变形阶段，发生破坏时如同脆性材料一样，即使性能良好的合金材料也是如此。疲劳破坏具有突发性和危险性。

(4)在静力破坏的断口上，通常只呈现粗粒状或纤维状特征，而在疲劳破坏的断口上，总是呈现两个区域特征，一部分是平滑的，另一部分是粗粒状或纤维状。疲劳破坏发生时，首先在某一点产生微小的裂纹，这个裂纹的起点叫作"疲劳源"，裂纹从疲劳源开始，逐渐向四周扩展。由于反复的变形，裂开的两个面，时而挤紧，时而松开，这样反复摩擦,形成了一个平滑区域。在交变荷载继续作用下裂纹逐渐扩展,承载面积逐渐减少,当减少到材料或构件的静强度不足时,就会在某一荷载作用下突然断裂。这种突然性的破坏,常使材料的断裂面呈现粗粒状或纤维状。

(5)静力破坏的抗力主要取决于材料本身,而疲劳破坏的抗力与材料的组成、构件的形状或尺寸、表面状况、使用条件,以及外界环境都有关系。

6.2.2 疲劳破坏的过程

吊杆疲劳破坏起源于吊杆材料的初始缺陷或是后期的细部损伤,这些在动力荷载作用下逐渐形成微裂缝,在持续的反复荷载作用下,裂纹逐渐扩展并最终断裂破坏。进行疲劳断口宏观分析时,一般把断口分成三个区,分别称为疲劳源区、疲劳扩展区和瞬时断裂区。与其相对应的发展过程可分为疲劳裂纹形成、疲劳裂纹扩展和瞬时断裂三个阶段。

(1)疲劳裂纹形成阶段。由于结构存在原始缺陷,或是由于后期的应力集中和环境作用,吊杆在某些地方产生微观裂纹,并逐渐向周围扩散。当吊杆破坏后,可以发现此区域面积较小,断面光滑。

(2)疲劳裂纹扩散阶段。由于桥梁承受风荷载、降雨作用、人行荷载、车辆荷载等动力荷载作用,这些荷载作用虽然远小于结构静力强度破坏极限,但结构内部的微裂纹在这些循环荷载作用下反复受到挤压,并逐渐扩展,发生破坏后,此区域的断面面积较大,表面粗糙,我们称为疲劳扩展区。

(3)最终断裂破坏阶段。由于前期的裂纹扩展,吊杆有效受力面积逐渐减少,最终由于截面应力大于静力强度而发生破坏,此区域我们称之为瞬时断裂区。

6.3 吊杆疲劳的理论分析方法

现有疲劳分析理论分析的主要方法是将疲劳过程这一连续的物理过程人为划分成疲劳裂纹形成与疲劳裂纹扩展两个阶段,并采用不同的理论与方法分别进行分析与计算。疲劳裂纹扩展阶段实际上是宏观裂纹发展阶段,一般采用 Paris 公式或各种修正公式。疲劳裂纹形成阶段实际上是微观裂纹的萌生与发展阶段,一般采用 Miner 损伤累积理论及各种修正理论,或采用损伤力学理论,这些理论为经验或半经验方法。

6.3.1 吊杆应力谱与荷载谱

进行吊杆的疲劳性能研究,首先需要获得吊杆在设计寿命期内的应力时程,然后通过一定的统计方法获得其应力幅。通常我们有两种方法可近似获得其应力时程。

第一种是实测法,通过建立健康监测系统获取构件的应力时程曲线,这种方法能够真实反映桥梁结构各部分的运营状态,并能够实时调控,目前在一些大型桥梁上有一些应用,国内做得比较成功的是香港的青马大桥。润扬大桥、洛阳瀍洲大桥等国内特大型桥梁也都建立了健康监测系统,可以实时监测桥梁吊杆的应力过程。但是,建立实时健康监测系统成本高,技术难度大,目前主要应用于特大型桥梁,对于中小型桥梁是不适宜的。

第二种方法是模拟法,一般是根据疲劳荷载谱,将每类车辆分别对构件的影响线加载获取应力历程,再考虑每类车辆出现的概率和总的交通流量,计算构件的应力过程。有些研究人员则根据疲劳荷载谱和其他交通参数,首先模拟产生随机车流,将随机车流对构件的影响线加载获取应力历程,再采用应力循环统计方法获得构件应力谱。

相对而言,模拟法由于成本较低,更具有可操作性,所以更适合于结构初期的设计阶段,从而对结构疲劳寿命做出估计。

当采用模拟法时,需要获得符合当前桥梁运营状况的桥梁荷载谱。目前我国还没有制定相应的荷载谱,一般通过交通流量的调查,然后采用车流量模拟的方法确定荷载谱,或者参考国外的桥梁规范,并根据实际桥梁的交通量情况进行调整。如对于某长江大桥,通过监控系统可以得到某日小时断面各种车辆的流量表,如图 6-2 和图 6-3 所示。

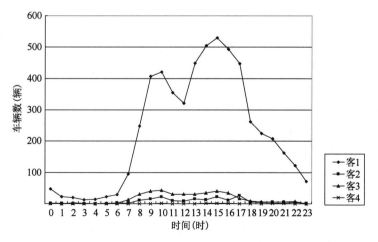

图 6-2 某长江大桥客车日交通流量图

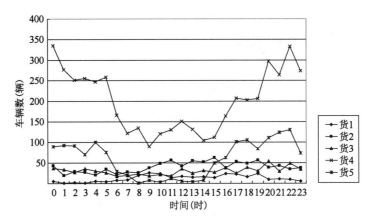

图 6-3　某长江大桥货车日交通流量图

根据实测的日交通流量图与车辆类型,我们可以确定该桥的车辆荷载谱。某长江大桥日交通流量统计车型及规格见表6-1。

某长江大桥日交通流量统计车型及规格　　　表 6-1

车型	规格
客1	≤7 座
客2	8~19 座
客3	20~39 座
客4	≥40 座
货1	≤2t
货2	2~5t(含5t)
货3	5~10t(含10t)
货4	10~15t(含15t)或20ft(1ft≈0.3m)集装箱车
货5	>15t 或 40ft 集装箱车

6.3.2　应力循环计数法

在应用以上方式获得吊杆的应力历程曲线后,需要通过比较准确的计数方法将应力历程转化为一系列完整的应力循环。目前已用的计数方法有十多种,在工程应用中经常用到的主要方法为雨流计数法与泄水法。

1)雨流计数法(Rain-Flow Counting Method)

雨流计数法也叫塔顶计数法,最初是由 Matsuiski 和 Endo 等人考虑了材料应力-应变行为而提出的一种计数方法。该法考虑到应力-应变间的非线性关系,把应力统计分析的滞回曲线和疲劳损伤理论结合起来。而且应力-时间历程的每一部分都参与计数,而且只计数一次。雨流计数法就是基于上述原理进行计数。如图 6-4 所示,将一例应力历程顺时针转动 90°,使时间坐标轴竖直向下,于是应力历程好像是一系列屋面,雨水沿着各层屋面的谷点或峰点往下流动,据此将各应力幅加以整理,具体规则如下:

(1)雨流的起点依次从每个峰值的内侧边开始,波形左半部为内侧边,右半部为外侧边,即 1、2、3 等尖点。

(2)雨点在下一个峰值流下,直到对面有一个比开始时的峰值更大的峰值为止,也就是比开始时的最大值更大的值或比最小值更小的值。

(3)当雨流遇到来自上面屋顶留下的雨时,这时候就停止。

(4)按以上过程取出所有全循环,并记下各自的变程。

(5)再按正负斜率取出所有的半循环,并记下各自的变程。

(6)把取出的半循环按修正的"变程对"计数法配成全循环。

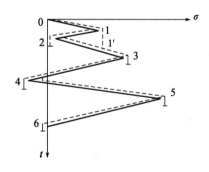

图 6-4 雨流计数法示意图

雨水首先从塔顶尖点 0 开始流动,到达峰点 1 时往下流到 1′并继续往下流到达峰点 3。由于遇见来源于比本次谷点 0 更低的谷点 4 的雨水,便停止流动,形成 0-1-3 的半个应力循环。雨水再从峰点 1 开始流动,到达谷点 2 时遇见来源于比本次峰点 1 更高的峰点 3 的雨水,便停止流动,形成 1-2 半个应力循环。雨水再从谷点 2 开始流动,到达点 1′时遇见上一层屋面流下的雨水,便停止流动,形成 2-1′半个应力循环,但它可与 1-2 半个应力循环配对,形成一个应力循环。以后继续按以上规则流动并计数得到 3-4,4-5 和 5-6 三个半个的应力循环。

雨流计数法相对比较复杂,但由于逻辑清晰,比较适用于编程计算。很多学者对雨流计数法进行了一定的改进,使其计算结果更加准确。如田军、李强通过在数据处理流程中加入数据对接处理算法,解决了发散收敛波问题,得到一种改进的雨流计数法实时计数模型。其计数简单,计数时不需要得到完整的应力时间历程,也不需要在计数前对应力时间历程做任何调整或修正,实现了应力循环的实时计数。此方法已经应用于高速动车组应力谱数据处理之中。

2）泄水法（Reservoir Method）（图6-5）

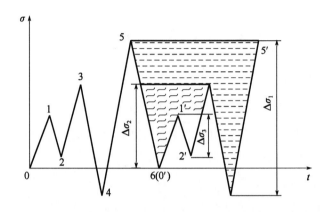

图6-5　泄水法示意图

泄水法的计算规则如下：

(1)首先将应力历程曲线改造成一座水库。先找到曲线中的极大值点,把这一曲线分成起点至极大值点和极大值点至终点的两段,然后将第一段的起点移到第二段的后面,使得第一段的起点与第二段的终点重合。将两个最大峰值点(5和5′)用水平虚线相连,这样就形成了一座水库。

(2)对水库泄水,形成循环对。选择最低的谷点泄水,如果有两个或更多相等的最低谷点,则可以选择任何一个谷点泄水,以水面到该谷点的泄水深度作为一次循环的应力幅。

(3)对泄不出去的剩余水,重复第2步,直到水池的水全部泄完为止,并将每次泄水深度作为一次循环的应力幅$\Delta\sigma_v$。

泄水法通俗易懂,适用于简单的应力历程曲线,可以通过手算迅速得到应力幅与循环次数,也可以通过计算机编程得到循环的应力幅与次数。

将以上方法得到的应力循环从大到小排列,编制成表,就可以得到吊杆的设计应力频值谱。当数据量较大时,我们可以对其进行简化,如图6-6所示,可以将应力频值谱分成任何比较方便的份数,可以将任何一份中的所有应力幅都按这份中最大的那个应力幅计算。

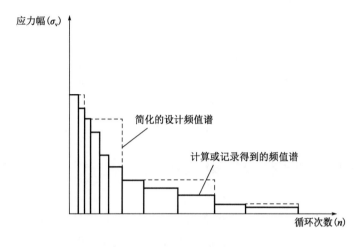

图 6-6　简化的应力频值谱

6.3.3　S-N 曲线

对于只受理想疲劳荷载作用的吊杆,我们可以采用吊杆材料的 S-N 曲线进行吊杆疲劳性能的研究。S-N 曲线,即应力幅-疲劳寿命曲线。在一定的平均应力 σ_m 和不同应力幅 $\Delta\sigma$ 的常幅应力下进行疲劳试验,测出构件破坏时对应的疲劳寿命 N,然后以 $\Delta\sigma$ 为纵坐标,N 为横坐标绘出的曲线,为相应于该平均应力的一条 S-N 曲线。在双对数坐标系中,S-N 曲线为直线。S-N 常用的表达式形式为:

$$NS^m = C$$

两边取对数可得对数坐标系下的 S-N 曲线表达式:

$$\lg N + m\lg S = \lg C$$

一般结构的 S-N 曲线如图 6-7a) 所示,随着循环次数的增加,允许的应力幅逐渐减小。钢结构的 S-N 曲线有一段水平线,表示当应力幅小于某个值时,结构可承受无限次循环荷载,如图 6-7b) 所示。

以上的 S-N 曲线是在理想状态下,在常幅应力状态下得到的曲线,实际结构由于受力情况复杂,各国规范对此都有不同的修正。后叙将有详细介绍。

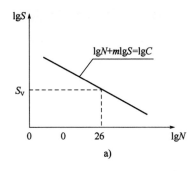
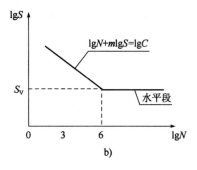

图 6-7 S-N 曲线

6.3.4 拉伸应力对吊杆疲劳极限的影响

恒载作用下悬索桥吊杆、斜拉桥拉索、系杆拱桥吊杆长期处于高应力状态,并且随着吊杆的腐蚀老化,其应力将越来越大。对于拉伸平均应力的影响,许多学者提出了不同的极限应力线,由于本书讨论的是钢绞线,一般都存在初始的摩擦损伤,可以使用缺口试样的应力线。缺口试样的应力线符合 Goodman 直线,即图 6-8 中标号为 2 的直线。Goodman 直线使用也比较方便。

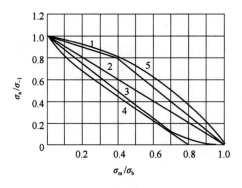

图 6-8 疲劳极限图

Goodman 的直线表达式为:

$$\sigma_a = \sigma_{-1}\left(1 - \frac{\sigma_m}{\sigma_b}\right) \tag{6-1}$$

式中:σ_a——疲劳极限应力幅;

σ_m——平均应力;

σ_{-1}——对称循环下的疲劳极限;

σ_b——抗拉强度。

有关资料中提到,平均拉应力约为 1050MPa 疲劳破坏试验,可得到国产 1860 级低松弛预应力钢绞线的 S-N 曲线表达式为：

$$\lg N = 13.84 - 3.5\lg\Delta\sigma \tag{6-2}$$

当 $N = 2 \times 10^6$ 时，$\Delta\sigma = 143\text{MPa}$。根据 Goodman 方程可以求得 $\sigma_{-1} = 328\text{MPa}$。进而求得 $N = 2 \times 10^6$，平均应力为 σ_m 的钢绞线极限疲劳幅为：

$$\sigma_a = 328\left(1 - \frac{\sigma_m}{\sigma_b}\right) \tag{6-3}$$

参照理想 S-N 曲线，不同极限强度材料的 S-N 曲线斜率不变，相应 S-N 的截距为：

$$b = \lg 2 \times 10^6 + 3.5\lg\sigma_a \tag{6-4}$$

于是得到钢绞线在平均应力 σ_m 时的 S-N 曲线表达式为：

$$\lg N = b - 3.5\lg\Delta\sigma \tag{6-5}$$

其中：

$$b = \lg 2 \times 10^6 + 3.5\lg\left[328\left(1 - \frac{\sigma_m}{\sigma_b}\right)\right] = 15.1 + 3.5\lg\left(1 - \frac{\sigma_m}{\sigma_b}\right) \tag{6-6}$$

6.3.5 线性累积损伤理论

关于变幅应力作用下构件疲劳寿命的估算，目前工程中最常用的就是 Miner 法则。它的基本假设是：试件所吸收的能量达到极限值时产生疲劳破坏。从这一假设出发，如破坏前可吸收的能量极限值为 W，试样破坏前的总循环数为 N，在某一循环数 n_1 时试样吸收的能量为 W_1，则由于试样吸收的能量与其循环数间存在着正比关系，因此有：

$$\frac{W_1}{W} = \frac{n_1}{N}$$

结构在循环荷载作用下，得到结构的应力频值谱。对应于每个加载历史 $\sigma_1, \sigma_2, \sigma_3, \sigma_4 \cdots \sigma_l$，相应的应力循环次数 $n_1, n_2, n_3, n_4 \cdots n_l$ 损伤为：

$$D = \sum_{i=1}^{l} \frac{n_i}{N_i} \tag{6-7}$$

Miner 法则认为，当 $D = 1$ 时，即试样吸收能量总和为 W 时，试样发生破坏。

该模型只考虑了超过疲劳极限的应力产生的损伤，未考虑加载顺序对寿命的影响，不能区分裂纹发生与裂纹扩展两阶段不同的疲劳特性，其结果与试验数据往往略有差距。但由于该理论计算简单、适用,一直在工程上广泛应用,本书也将以此方法为基础计算吊杆的腐蚀疲劳损伤。

6.4 吊杆疲劳设计与计算的方法

我国现行的桥梁规范中,没有针对桥梁吊杆疲劳设计制定相应的计算方法,通常参照国内其他规范与国外规范设计。

6.4.1 我国规范对于吊杆疲劳计算的规定

我国目前没有明确给出桥梁吊杆的疲劳计算准则,系杆拱桥的吊杆疲劳计算一般参照相近钢结构规范。钢结构的疲劳计算一直采用应力比准则为基础,疲劳设计采用传统验算最大应力的强度公式,即

$$\sigma_{\max} \leqslant [\sigma^\rho] \tag{6-8}$$

式中:$\sigma_{\max}$——反复荷载作用下,需要验算处的最大应力;

$[\sigma^\rho]$——钢材或连接的疲劳允许应力,是应力比 ρ 和循环次数 N(一般以 2×10^6 次循环为准)的函数。

现行的《公路钢结构桥梁设计规范》(JTG D64)也是以此为基础,疲劳容许应力的计算公式为:

$$[\sigma^\rho] = \frac{[\sigma_0^\rho]}{1 - k\rho} \tag{6-9}$$

式中:$[\sigma_0^\rho]$、k——是与材料强度等级及构件构造特征相关的数值。

以容许应力母材——A 为例,查得相关参数,式(6-9)可以写成:

$$[\sigma^\rho] = \frac{245}{1 - 0.6\rho}(\text{MPa}) \tag{6-10}$$

传统上以应力比为基础的疲劳计算公式是以无残余应力的小规格板材试件或实物模拟尺寸试件所做的疲劳试验资料为依据的。近年来,疲劳试验已经从小试件试验发展到足尺的大型构件实物试验,对钢结构的疲劳性能了解有了突破性的进展。大量资料表明,对焊接结构来说,焊缝附近存在着很大的焊接残余拉应力峰值,其数量甚至达到了钢材屈服点的数量级。名义上的应力循环特征——应力比 ρ 并不能代表疲劳裂缝出现处

的应力状态,焊接构件或焊接连接的疲劳性能直接与应力幅 $\Delta\sigma$ 有关。

由于现在焊接结构在钢结构中占绝对优势,所以现在采用以应力幅准则为基础,疲劳设计的计算表达式也改为:

$$\Delta\sigma \leqslant [\Delta\sigma] \tag{6-11}$$

式中:$[\Delta\sigma]$——容许应力幅。

根据在双对数坐标系下 S-N 曲线为直线的特点,可得疲劳容许应力幅的计算公式为:

$$[\Delta\sigma] = \left(\frac{c}{n}\right)^{\frac{1}{\beta}} \tag{6-12}$$

对于非焊接结构,采用有效应力幅公式,将计算表达式左侧的应力幅 $\Delta\sigma$ 改为有效应幅 $\Delta\sigma_e$。

$$\Delta\sigma_e = \sigma_{max} - 0.7\sigma_{min} \tag{6-13}$$

对于变幅疲劳,可通过 Miner 原理推导出等效常应力幅 $\Delta\sigma_e$,推导过程如下:

前面已经介绍过,Miner 原理认为疲劳损伤度为:

$$D = \sum_{i=1}^{l} \frac{n_i}{N_i} = 1 \tag{6-14}$$

$D=1$ 时,结构破坏。此时循环次数为 $\sum n_i$,等效常应力幅为 $\Delta\sigma_e$。由前叙的 S-N 曲线公式可得:

$$(\Delta\sigma_e^m) \sum n_i = 1 \tag{6-15}$$

可近似地认为变幅疲劳与同类常幅疲劳有相同的关系曲线,各级应力幅均有:

$$N_i (\Delta\sigma_i)^m = 1 \tag{6-16}$$

由此可得:

$$\frac{(\Delta\sigma_e)^e}{(\Delta\sigma_i)^e} = \frac{\sum n_i}{N_i} \tag{6-17}$$

将(6-17)式代入(6-14)式,可得:

$$\Delta\sigma_e = \left[\sum \frac{n_i (\Delta\sigma_i)^m}{\sum n_i}\right]^{\frac{1}{m}} \tag{6-18}$$

式(6-18)即为等效常应力幅为 $\Delta\sigma_e$ 的表达式。通过计算得到结构的等效常应力幅,查询 S-N 曲线,则可以判断结构的疲劳破坏程度。

《公路斜拉桥设计规范》(JTG/T 3365-01—2020)中规定斜拉索的容许应力不得大

于 0.4 倍斜拉索的抗拉标准强度,即斜拉索的强度安全系数为 2.5。对于疲劳,规定斜拉索的疲劳应力应由试验确定,斜拉索应能通过 200 万次的反复荷载。

《公路悬索桥吊索》(JT/T 449—2001)中对平行钢丝吊索的疲劳性能要求为:"用脉动荷载加载,上限荷载为 0.35 倍的公称破断荷载,应力幅为 150MPa,经 200 万次脉冲循环加载试验后,吊索断丝率不大于 5%,吊索护层不应有明显损伤,锚头无损坏。"显然,悬索桥吊索对疲劳的要求比斜拉索严格。这可能是因为悬索桥骑跨式吊索的弯曲附加应力较大的缘故。

在铁路桥方面,《铁路桥梁钢结构设计规范》(TB 10091—2017)在疲劳计算上有显著改变,采用容许应力幅,且规定了加工质量和要求。

由于在受力特性上,系杆拱桥的受力与斜拉桥较为接近,因此,我国在进行系杆拱桥吊杆的相关设计与疲劳分析时,主要是用的《公路斜拉桥设计规范》,《公路悬索桥吊索》只作为参考。从规范说明中可以看出,我国对以系杆拱桥吊杆的疲劳设计还是缺乏详细的规定,没有根据实际的使用环境、交通流量等制定详细的规范条文。鉴于此,造成桥梁设计者在设计时往往考虑不足,造成设计缺陷,影响桥梁的安全性。

6.4.2 国外规范对于疲劳计算的规定

1)美国 AASHTO 规范

美国在制定早期的疲劳设计规范时,沿袭了强度和稳定的验算先例,取结构的设计应力最大值 σ_{max} 来进行疲劳验算,要求最大值不超过疲劳应力容许值 $[\sigma_n]$,而疲劳应力容许值则是应力比 ρ 的函数。但从 1967 年起,"焊接对钢梁疲劳强度的影响"试验研究的成果不仅证明影响疲劳的主要因素是应力幅和构造细节形式,而不是最大应力和应力比,而且为美国全面修改钢结构疲劳设计规范提供了理论和实践依据。经过从 1973 至 1977 年的几次修订,美国公路桥设计规范在 1977 年正式采用了按应力幅进行疲劳验算的新规范。

AASHTO 规范的疲劳验算公式为:

$$Y(\Delta f) \leq (\Delta F)_n \tag{6-19}$$

式中:Y——疲劳荷载组合的荷载系数;

(Δf)——疲劳荷载所产生的活载应力幅;

$(\Delta F)_n$——名义疲劳抗力。

名义疲劳抗力应由式(6-20)计算：

$$(\Delta F)_n = \left(\frac{A}{N}\right)^{\frac{1}{3}} \geq \frac{1}{2}(\Delta F)_{TH} \tag{6-20}$$

式中：A——常数，由细部分类决定，可查表得到；

$(\Delta F)_{TH}$——常幅疲劳容许应力幅，是指重复加载 200 万次的容许疲劳应力幅，由细部分类决定，可查表得到；

N——$(365)(75)n(ADTT)_{SL}$，N 为每次卡车通过时，应力幅的循环次数，可查表得到；

$(ADTT)_{SL}$——在设计寿命期限内平均每天的单车道货车数。

AASHTO 规范规定了一辆标准疲劳车用于结构的疲劳计算，并对不同的公路等级划分了不同的交通量，如图 6-9 所示。

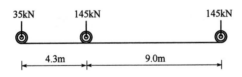

图 6-9 美国 AASHTO 规范标准疲劳车

其中，每天的单向货车数 $ADTT$ 可由日交通量乘以货车在交通量中的比率确定。对于常规的货车比率见表 6-2。在缺少更可靠资料的情况下，单车道日平均货车交通量应取为：

$$(ADTT)_{SL} = P \times ADTT \tag{6-21}$$

式中：$ADTT$——在设计寿命期限内平均每天的单向货车数；

$(ADTT)_{SL}$——在设计寿命期限内平均每天的单车道货车数；

P——单车道内货车交通量占的比率 P，按表 6-3 取用。

货车在交通量中的比例　　　　　　　　　　表 6-2

公路分类	乡村州际公路	城市州际公路	其他乡村公路	其他城市公路
货车比率	0.2	0.15	0.15	0.1

单车道内货车交通量占的比率 P　　　　　　　　表 6-3

能容纳货车的车道数	1	2	3 或者更多
P	1	0.85	0.8

2）英国标准 BS5400

英国标准 BS5400 是一整套的桥梁规范，其中涵盖钢桥、混凝土桥及组合桥的结构设计与构造规范。其中,第十篇《疲劳设计实用规则》对桥梁中出现的疲劳问题做了详细的规定。我们可以参照其对系杆拱桥吊杆的疲劳验算。

BS5400 对于疲劳设计的基本参数与美国规范 AASHTO 基本相同,都是加载疲劳车,以应力幅为主要参考量,根据试验数据划分不同的细节构造,使用不同的 S-N 曲线。对于公路桥梁的验算,BS5400 根据大量的交通统计数据,制定了车辆荷载频值谱,并根据各种车辆对结构的损伤程度,规定了标准疲劳车,如图 6-10 所示。

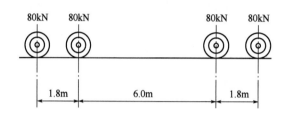

图 6-10 英国 BS5400 规范标准疲劳车

基于工程适用和实用的原则,BS5400 制定了三种疲劳的计算方法。

(1)不验算损伤度的检验方法。

这种方法相对而言较为保守。如果要使用该方法进行疲劳验算,相应的细节构造、使用年限等都要满足规范要求,在此不详细介绍。具体的计算方法是:将标准疲劳车分别加载于每个车道,对伸缩缝位置考虑动力作用,计算验算部位的 σ_{max} 和 σ_{min},在此不考虑产生这些应力的标准疲劳车是否位于同一车道。计算出应力幅:

$$\sigma_V = \sigma_{max} - \sigma_{min} \qquad (6\text{-}22)$$

其中,对于非焊接细部构造(如吊杆),若完全承受压力,都不考虑疲劳问题,若同时存在拉、压应力,则应该按式(6-23)计算:

$$\sigma_V = \sigma_{max} - 0.6\sigma_{min} \qquad (6\text{-}23)$$

根据不同的细部构造查得相应的应力容许值 σ_H,若 $\sigma_V < \sigma_H$,则疲劳验算满足要求。

(2)损伤度计算——单车法。

这种方法以决定细节构造的疲劳寿命为特征,疲劳荷载应满足规范规定的标准荷载频值谱。具体计算方法如下:

①同方法(1),计算验算部位最大和最小应力代数值 σ_{max} 和 σ_{min},如果这是由同一车道在不同位置产生,则损伤度应按每个分车道的应力历程分开来计算。如果 σ_{max} 和 σ_{min} 是由于车辆在不同的分车道所产生,则应增加一接力应力历程,这新增的应力历程可以

反映一部分车辆在某车道依次交替行驶,由此产生更大的应力幅,对于这一情况,损伤度应把各车道分开,即两车道上的车辆接力情况都算。

②从上面求出的每一应力历程,决定其包含的 σ_{v1} 等应力频值。如果一个应力历程只含一个峰值和(或)一个谷值,则只有一个应力循环,该应力幅可以直接确定。如果一应力历程包含有两个或以上的波峰和(或)波谷,则其应力循环不止一个,其各个应力幅应用泄水法来确定。对于非焊接细节,则仍应按方法(1)中公式对应力幅进行修正。

③对每一个应力频值的每一个应力幅 σ_v,可查表得其寿命期间的损伤系数 d_{120},再让各 d_{120} 分别乘以其有效年交通量 $\overline{n_c}$ 值(以百万辆为单位,查表可得)。

④按影响线的底边长度 L 及应力幅比值 K_B 即应力比 ρ,可查得调整系数 K_F。由于以上计算是以影响线底边长度为 25m 计算所得,K_F 的作用是考虑了其他跨度情况,多车道和单车道多辆车行驶时的影响。

⑤最终按式(6-24)计算细节构造的预期疲劳寿命:

$$疲劳寿命(年) = \frac{120}{\sum K_F \overline{n_c} d_{120}} \quad (6-24)$$

(3)损伤度计算——车辆荷载频值谱法(vehicle spectrum method)。

该法以计算出 Miner 累积损伤度为其特征,如果一细节构造的 S-N 曲线关系为已知,荷载或应力频值谱为已知,该法就适用。具体计算方法如下:细节构造的每个应力频值应由荷载谱内的每一车辆沿着不同分车道行进算得。同时还要考虑由于某些车辆同时在一个或几个分车道和(或)在两个分车道以交替次序通过,从而引起更高的应力幅的可能性。对于非焊接细节,应对应力幅进行修正。由所得的应力频值,按 Miner 原理,进行损伤累积计算,计算结果不应超过 1。

这种方法的计算过程较为复杂,需要考虑的因素很多。其中,对于多车道或者多辆车的影响计算,一般通过程序模拟车流或者通过实测数据进行经验性的修正。

3)日本桥梁规范

日本桥梁规范与中国规范类似。对于吊杆的疲劳计算没有明确规定,仅以较大的安全系数来降低吊杆的平均应力和应力幅。日本桥梁规范指出在应力计算中应考虑恒活载应力比、活载应力发生频度、二次力的影响、应力的不均匀性等因素。日本桥梁规范对于吊杆设计的安全系数见表6-4。

日本桥梁规范对于吊杆设计的安全系数　　　表6-4

类型		安全系数
悬索桥主缆		3.0
斜拉桥的拉索		2.5
吊杆	直	3.5
	曲	4.0

注：按延伸率为0.7%时的应力计。

4) 欧洲规范(Eurocode)

欧洲规范(Eurocode)是当前土木工程领域最具影响力和权威性的国际性规范。Eurocode与现有的各国钢结构规范比，在设计荷载谱、构造细节分类、安全性概念、制造质量、运营检查和维修断裂力学应用及空心截面构件的疲劳评估等许多方面，新增加和补充了很多内容。

6.4.3 国内外规范的比较

综上所述，我国在悬索桥吊杆、系杆拱桥吊杆等疲劳方面的规范及研究很少，而美国与英国等均制定了详细的疲劳计算方法，从而可以较为准确地计算吊杆的疲劳问题。但目前各国规范对于吊杆疲劳的具体计算方法仍有不少异同，现列举如下：

(1) 各国规范对于吊杆疲劳的计算所着重考虑的影响因素都是一致的，主要有：应力幅、应力幅的受力次数、构造细节。

(2) AASHTO、BS5400、Eurocode都给出了基于安全寿命设计思想的设计方法。这种方法与强度验算时的活载加载一样，通过加载规范制定的相应疲劳车加载，从而得到最大应力幅。我国规范也有类似规定，但尚未制定出符合我国国情的疲劳车。

(3) AASHTO没有考虑车道的属性(快车道或慢车道)对吊杆内力的影响，仅通过一个简单的系数 n 来调整不同桥型的影响。BS5400则在规范中给出了一系列的容许应力幅的图，考虑了包括跨径、细节类型、公路类型和车道布置的影响。Eurocode中的评估方法，通过简单的系数考虑了包括跨径、细节类型、公路类型、设计寿命和车道布置的影响。在对疲劳荷载及加载方面，显然是BS5400考虑的较为详细。而我国对于车道影响也是没有详细规定。

(4) 对于冲击系数的考虑，各国侧重点各不相同，见表6-5。

各国规范中的冲击系数　　　　　　　　表 6-5

规范	大小	备注
AASHTO	1.15	与结构属性及验算位置无关
BS5400	1.00~1.25	与结构属性无关与验算截面位置有关
Eurocode	1.00~1.30	与结构属性无关与验算截面位置有关

由表 6-5 可以看出,国外规范对于吊杆疲劳的计算均有较明确的规定,以英国 BS5400 规范最为详细,而我国在此方面的规范较少,但是以上所提及的规范均没有对于吊杆结构中存在的腐蚀问题做出详细说明,仅在构造细节中有所区分。关于腐蚀的影响也将是本书将要研究的。

第 7 章 桥梁吊索腐蚀疲劳评估研究

在桥梁运营过程中,吊索钢丝容易发生腐蚀疲劳。腐蚀疲劳比单纯的腐蚀和单纯的疲劳机理复杂,它不仅涉及力学和金属物理学问题,还涉及化学、电化学和冶金学问题,腐蚀过程和机理复杂。

腐蚀会造成钢丝有效截面的削弱,同时引起钢丝表面产生缺陷,改变了表面组织结构,从而影响索体钢丝的疲劳性能,因此有必要对钢丝腐蚀后的疲劳性能展开研究。

本章先对新钢丝、吊杆中表面无腐蚀损伤钢丝、预制蚀坑钢丝进行了疲劳试验,然后结合表面含腐蚀损伤钢丝的疲劳试验结果,研究了腐蚀及蚀坑对索体钢丝疲劳性能的影响,为服役索体钢丝的疲劳寿命评估提供了一定的参考。

7.1 桥梁吊索钢丝腐蚀研究发展

钢丝在护套内处于酸性溶液环境,主要发生电化学腐蚀、缝隙腐蚀、应力腐蚀和腐蚀疲劳。关于金属线材电化学腐蚀,国内外学者针对混凝土结构中的钢筋腐蚀进行了大量研究,但是混凝土结构钢筋或钢绞线包裹在混凝土内部,混凝土结构的工作环境偏碱性,氯离子侵入途径与混凝土密切相关,而吊索钢丝工作环境主要受酸雨影响,钢丝与腐蚀介质直接接触,所以说吊索钢丝与混凝土中的钢筋或钢绞线工作状态和环境完全不同。

关于桥梁钢丝腐蚀问题,国内外学者进行了一些研究。研究人员主要从应力腐蚀和腐蚀疲劳概念出发,结合主缆和吊索材料组成和受力特征,阐明了主缆和吊索在海洋大气环境下的腐蚀特点。通过吊索钢丝加速腐蚀试验研究,探讨多种腐蚀环境和荷载作用下的钢丝腐蚀情况,研究腐蚀对钢丝极限承载力和延伸率的影响。也有学者通过模拟地区酸雨溶液对含有 PE 护套损伤的拉索进行喷雾,观察护套内部钢丝的腐蚀情况,或利用电化学工作站研究不同应力作用下全裸钢丝腐蚀速率。

总的看来,目前的研究是通过试验,研究钢丝的腐蚀速率,以及吊索内的腐蚀分布特点。研究表明,蚀坑是引起钢丝力学性能退化的主要原因,为了能够准确评估吊索承载能力,有必要对钢丝腐蚀的影响因素、各因素之间的耦合作用、蚀坑的形貌特征、蚀坑尺寸分布和钢丝轮廓特征等进行研究。

7.1.1 吊索腐蚀承载能力评估研究

1)腐蚀疲劳钢丝力学性能退化研究现状

(1)腐蚀钢丝剩余强度退化研究。研究人员通过模拟腐蚀环境,进行加速腐蚀,获得腐蚀钢丝,然后对不同腐蚀程度的钢丝进行静力试验。研究表明,钢丝在腐蚀环境下名义抗拉强度损失较多,实际抗拉强度损失较少,且损失率相差不大。但是镀锌钢丝和裸钢丝的延伸率损失较多,基本呈线性关系,且裸钢丝损失更多。

(2)钢丝剩余强度估算研究。对于含裂纹吊索钢丝强度的估算,目前比较常用的方法主要有以下两种:一种是基于断裂韧性准则的强度估算,另外一种是基于净截面理论的强度估算。第一种方法需首先确定应力强度因子。国内外学者采用试验的方法和有限元方法研究了圆柱体试件拉伸荷载下椭圆裂纹的扩展行为,得到圆柱体试件应力强度因子形状修正系数表达式。对于桥梁用高强钢丝应力强度因子,很多学者利用已有研究成果,拟合得到在拉伸荷载作用下带有表面裂纹钢丝断裂强度因子形状修正系数的数学表达式。

2)吊索承载力和安全评估研究现状

吊索由若干根钢丝或钢绞线组合而成,受力特点与纤维束受力类似。纤维束承载力模型研究比较成熟,以纤维束强度理论为研究基础,将平行钢丝束拉索简化为串并联模型,单根钢丝相当于一个串联体系,整个拉索相当于一个并联体系,研究无损伤吊索承载力。

实际工程中,在进行索承式桥梁工程的吊索安全评估时,一般是首先进行吊索开窗,如果吊索腐蚀严重,再通过静动载试验检测吊索索力和桥面挠度,进行吊索承载力评估,然后决定是否进行吊索更换。

总的来说,国内外学者对吊索钢丝力学性能和吊索可靠性评估进行了诸多研究。但是,上述研究中,首先对拆除得到的腐蚀钢丝进行力学性能研究,然后进行吊索安全性能评价。影响钢丝力学性能的主要因素是蚀坑,采用基于钢丝均匀腐蚀假设的可靠性评估,必然导致评估结果大于实际承载力,偏于不安全。

通过静动载试验进行承载力评估,评估成本比较高。如果我们能够通过外观检查、材料强度检测和模型计算等手段,结合吊索钢丝腐蚀数据和类似环境区域的腐蚀统计数据,就可以对吊索进行安全性能评估,这必然会大大降低桥梁运营维护的成本。

7.1.2 吊索腐蚀疲劳与寿命评估研究

目前,国内外研究索承式桥梁吊索疲劳的文献中,国内外学者针对吊索常规疲劳寿命进行了大量研究,而关于腐蚀疲劳寿命评估的研究还比较少。同时,国内外桥梁设计规范关于吊索疲劳的设计条文也只是对纯疲劳计算方法进行了规定。

1)腐蚀疲劳裂纹扩展速率模型

腐蚀疲劳裂纹扩展速率是进行腐蚀疲劳裂纹扩展寿命分析的基础。随着对腐蚀疲劳裂纹扩展研究的开展和对这一现象认识的不断深入,国内外学者在估算环境影响裂纹扩展方面有多种观点,目前腐蚀疲劳裂纹扩展的模型主要有以下几种:

(1)叠加模型。

当应力腐蚀裂纹扩展的应力强度因子最大值 K_{max} 大于应力腐蚀临界应力强度因子 K_{ISCC} 时,假设:①介质引起的裂纹扩展速率与单纯疲劳裂纹扩展速率互不相干,或者说腐蚀疲劳的力学因素与环境因素之间不存在交互作用;②静载应力腐蚀开裂与腐蚀疲劳开裂有相同的断裂机理。在此基础上,腐蚀疲劳的裂纹扩展速率可以由纯粹的机械疲劳裂纹扩展速率和应力腐蚀裂纹扩展速率的线性叠加来确定。

$$\left(\frac{da}{dN}\right)_{CF} = \frac{da}{dN} + \left(\frac{da}{dN}\right)_{SCC} \tag{7-1}$$

式中:$\frac{da}{dN}$——纯机械疲劳裂纹扩展速率;

$\left(\frac{da}{dN}\right)_{SCC}$——应力腐蚀裂纹扩展速率,以交变应力循环次数表示。

利用上述线性叠加模型可以进行高强度钢、钛合金等一些材料的腐蚀疲劳裂纹扩展行为预测,能够得到较为满意的结果。但是上述两个假设与许多工程合金,特别是与低强度材料的试验观察结果相矛盾。

(2)竞争模型。

该模型认为在腐蚀疲劳裂纹扩展过程中,疲劳开裂过程与腐蚀过程并非相互叠加起作用,而是两者之间存在相互竞争。根据这种模型,在每一个特定的应力强度因子下,裂纹都以二者中占优势的速率向前扩展。

$$\left(\frac{da}{dN}\right)_{CF} = \max\left[\frac{da}{dN}, \left(\frac{da}{dN}\right)_{SCC}\right] \tag{7-2}$$

该模型虽然得到一些试验结果的支持,但该模型未能考虑腐蚀疲劳过程中交变应力与恒定应力和腐蚀环境协同作用导致裂纹扩展上的不同,且该模型不能解释混合型断裂形态,因而此模型也是不够完善。

(3)位错偶极子模型。

从腐蚀环境对裂纹扩展影响的机理考虑,位错偶极子模型能给出裂纹扩展速率关系式:

$$\ln\left(\frac{\mathrm{d}a}{\mathrm{d}N}\right)_{\mathrm{CF}} = B_0 + B_1(\Delta K - \Delta K_{\mathrm{FSCC}}) + B_2(\Delta K - \Delta K_{\mathrm{FSCC}})^2 \qquad (7-3)$$

式中:B_0、B_1 和 B_2——与加载频率、裂尖氢集中浓度及体积、氢扩散系数等有关的常量;

ΔK_{FSCC}——裂纹扩展门槛应力强度因子幅值,与材料 ΔK_{ISCC} 相符合。

该模型能很好地预测高强钢在人工海水中除靠近 ΔK_{FSCC} 之外的裂纹扩展速率,适用于应力强度因子幅 $\Delta K > K_{\mathrm{ISCC}}$ 的腐蚀疲劳裂纹扩展情况。

(4)工程修正模型。

由于金属材料腐蚀疲劳裂纹扩展过程的复杂性,涉及力学、化学及冶金学等方面的内容,又受各种环境因素的影响,而这些因素对腐蚀疲劳裂纹扩展贡献难以量化描述,因而寻求合适的工程模型十分必要。

目前主要采用通过拟合裂纹扩散数据得到金属材料在给定腐蚀环境中腐蚀疲劳裂纹扩展速率的方法,对室温大气环境下的裂纹扩展模型修正得到工程修正模型:

$$\left(\frac{\mathrm{d}a}{\mathrm{d}N}\right)_{\mathrm{CF}} = C_{\mathrm{cor}}(N)\frac{\mathrm{d}a}{\mathrm{d}N} \qquad (7-4)$$

式中:$C_{\mathrm{cor}}(N)$——材料常数,由试验数据拟合得到,称为腐蚀疲劳裂纹扩展速率修正系数,与材料、环境有关,通常需要通过试验来测定。

这种方法基于环境当量研究,多用于航空领域飞行器的腐蚀疲劳研究。通过搜集大量的飞机服役环境参数样本,建立环境当量关系,在此基础上用于飞机构件腐蚀疲劳评估。而桥梁服役环境主要取决于桥梁所在的位置,建立环境当量谱相对简单,但是这方面工作相对较少。

上述模型虽然理论上可行,但是在具体工程应用时过于复杂,能否简化处理,把腐蚀和疲劳分开计算,既能保证计算精度,又能降低评估成本和时间?国内外学者把金属材料腐蚀疲劳破坏过程分成几个阶段,认为在腐蚀疲劳初期以腐蚀为主,当蚀坑发展到一定阶段后以疲劳裂纹扩展为主。这种方法把腐蚀和疲劳分开,概念清晰,简化腐蚀疲劳计算难度,比较适合于工程应用。

2)吊索疲劳理论与试验研究现状

纤维束疲劳理论模型最早由 Coleman B D 和 Phoenix 建立。M. H. Faber 等根据上述模型推导了考虑应力幅、钢丝长度、钢丝内平均应力、钢丝强度及钢丝面积等因素的钢丝疲劳寿命预测模型,研究表明钢丝在指定应力幅 ΔS 下疲劳寿命分布服从威布尔分布。

兰成明等根据平行钢丝拉索的特点,结合钢丝的疲劳试验数据,利用蒙特卡罗方法模拟研究了包括拉索 S-N 曲线中参数 B、长度效应、拉索钢丝数量、单根钢丝疲劳寿命的变异性及拉索内钢丝受力不均匀性等因素对拉索疲劳寿命的影响。

姚翔通过参数分析,研究分析了吊杆的位置、吊杆的间距、边吊杆至拱脚的距离、吊杆截面积、吊杆的弯曲刚度,以及汽车冲击力等因素对下承式系杆拱桥吊杆疲劳的影响。

郭文华等依据交通流量调查和相关规范中汽车及轻轨车荷载谱的规定,利用蒙特卡罗方法模拟产生了通过桥梁的双向多车道汽车车流及双向轻轨车车流。针对典型吊杆的影响线模拟车流加载,得到杆件应力时程,通过泄水法得到杆件应力谱,按照 Palmgren-Miner 线性累积损伤理论进行设计基准期内的损伤度评估。

李春祥等根据桥梁结构的疲劳目标可靠度,给出了斜拉索疲劳寿命计算公式。在既有研究的基础上,分析了不同的风攻角对疲劳可靠度和疲劳寿命的影响。研究表明,在最不利工况风攻角 30°作用下,在目标疲劳可靠指标取值为 4 时,疲劳寿命为 127 年。

卢伟等为了研究大跨桥梁风振导致的构件疲劳问题,假定疲劳寿命服从威布尔分布,并考虑平均拉应力的影响,修正得到相应的疲劳可靠度公式,并在桥梁抖振精细时程分析基础上,模拟出构件的应力时程,并以南京长江二桥为例对公式进行了验证。研究表明,在最大风速为 40m/s 的百年一遇大风作用下,发生疲劳断裂的概率很小。

郑万山等针对苏通大桥斜拉索,在分析国内外斜拉索拉弯疲劳试验状况和苏通大桥斜拉索拉弯疲劳试验参数的基础上,利用大型桥梁缆索试验系统对试验索进行了 200 万次拉弯疲劳试验研究。试验结果表明,苏通大桥斜拉索疲劳使用寿命能够满足设计要求。

杨美良等依据等效疲劳损伤原理,将车辆荷载等效为模型车辆荷载频值谱,利用蒙特卡罗法随机抽样模拟斜拉索的应力时程,假定结构疲劳寿命服从威布尔分布,推导出疲劳可靠度公式,并以株洲市芦淞大桥主桥为例进行了验证。

徐俊等从疲劳裂纹扩展及临界裂纹长度两个方面研究了交通荷载对疲劳寿命的影

响。研究表明,疲劳荷载应力谱的变异性对构件疲劳寿命的影响不大,当选取较小的单位时间时,按应力谱均值计算得到的裂纹扩展寿命与实际结果较接近。交通荷载效应极值的重现期对疲劳寿命的概率分布有一定的影响。

刘沐宇等利用有限元软件模拟分析了钢绞线钢丝之间的相互作用力,基于可靠度理论,给出微动疲劳随时间发展的表达式,进而建立了同时考虑腐蚀与微动疲劳的钢绞线斜拉索时变可靠性模型。

G. C. Sih、CX. Li、向桂兵和赵小鹏等以介观局部能量密度因子 S_{micro}^{macro} 作为控制参量,采用跨尺度疲劳裂纹扩展统一模型 $da/dN = A\,(S_{micro}^{macro})^n$,研究了吊索钢丝疲劳裂纹扩展。分析了钢丝初始缺陷对吊索疲劳寿命的影响,研究表明缺陷的初始值对吊索疲劳寿命影响巨大,并分析了拉索预张拉与松弛效应的影响,同时研究了拉索张紧的状态对钢丝疲劳裂纹扩展的影响。

马林参考美国得克萨斯大学 Paulson 的研究,对国内 3 个厂家生产的钢绞线进行了疲劳试验,得到了适合于国产钢绞线的 S-N 曲线方程。

日本的多多罗大桥作为当时世界上主跨最大的斜拉桥,研究人员针对该桥做了两种拉索锚具足尺试件的疲劳试验,以便确定合理的结构形式,并进行了梁式锚、柱式锚的疲劳试验及拉索的弯曲疲劳试验,试验表明拉索系统疲劳寿命能够满足设计要求。

K Takena 等进行了奥尔顿克拉克大桥拉索的疲劳试验和弯曲疲劳试验,研究了各应力幅下拉索第一根钢丝出现断丝时的疲劳次数,累积断丝数目与疲劳次数的关系,研究发现当拉索出现第一根断丝后,断丝速度将迅速加快。

现阶段研究只是针对吊索纯疲劳试验和寿命评估进行了研究,而没有考虑腐蚀对吊索疲劳寿命的影响。

3)吊索腐蚀疲劳研究现状

虽然在机械工程和航空领域,国内外的专家学者对金属材料腐蚀疲劳问题进行了诸多研究,但是吊索钢丝腐蚀疲劳试验研究和寿命评估还比较少。

在不考虑腐蚀损伤或机械损伤的情况下,钢丝表面光滑,疲劳短裂纹很难出现,吊索在设计寿命周期内不会发生疲劳断裂。但是由于腐蚀蚀坑的存在,蚀坑底部的应力集中容易导致蚀坑底部产生短裂纹。已有的研究表明,当局部腐蚀深度达到 0.3mm 时,点腐蚀凹坑里萌生裂纹的概率为 50%,当局部腐蚀深度达到 0.5mm 时,点腐蚀凹坑里萌生裂纹裂尖的概率为 90%,钢丝腐蚀疲劳的寿命远远低于设计寿命值,并且具有突发性及强破坏性等特点。

Shun-ichi 等利用加速腐蚀试验得到腐蚀钢丝并进行疲劳试验,研究表明腐蚀程度为 1 的钢丝疲劳寿命相比较新钢丝降低不多,但是腐蚀程度为 2 和 3 的钢丝疲劳寿命相比较新钢丝降低很多。

温文峰利用低频疲劳试验机,外加一腐蚀装置,研究分析了缆索高强钢丝在 3.5% NaCl 溶液中应力比和频率对钢丝腐蚀疲劳寿命的影响,研究结果表明:①腐蚀性介质的腐蚀与纯机械的疲劳损伤所产生的协同、交互作用加速了缆索高强钢丝材料的损伤;②在 3.5% NaCl 溶液中,在相同应力比及应力幅的加载条件下,随着加载频率逐渐增大,缆索高强钢丝的腐蚀疲劳裂纹扩展速率逐渐减小;③在 3.5% NaCl 溶液中,在相同频率及应力幅的加载条件下,随着应力比逐渐增大,缆索高强钢丝的腐蚀疲劳裂纹扩展速率逐渐增大。

徐俊利用高频疲劳试验机对 3 根石门大桥旧钢丝进行了疲劳试验研究,但是只成功两根,另外一根在夹具处断裂,研究结果表明,腐蚀后钢丝的疲劳寿命降低很多。

以上研究了预腐蚀对钢丝疲劳寿命的影响,只是对实际桥梁拆除得到的钢丝进行了疲劳试验,但未考虑蚀坑尺寸和形貌对钢丝疲劳寿命和疲劳裂纹扩展的影响。

7.2 吊杆钢丝腐蚀疲劳寿命影响因素

7.2.1 力学因素

1) 应力循环周数

应力的循环周数与吊杆的腐蚀疲劳强度是负相关的,即周数越大,疲劳强度越低。多数情况下,应力幅值与循环周数在对数坐标系下呈线性关系,我们可以采用外延法求得高周次的腐蚀疲劳强度。

2) 应力波形

应力波形强烈地影响吊索腐蚀疲劳性能。通常一个荷载周期可以分为加载、高载保持、降载和低载保持 4 个阶段。一般的波形有锯齿波、三角波、正弦波等。显然在相同的应力幅条件下,疲劳过程中交互滑移速率对不同波形是不同的。

以锯齿波为例,负锯齿波以极高速率加载(几乎是瞬时加载),应变速率过快,环境反应速率滞后,此时环境影响应该很不明显,腐蚀疲劳裂纹扩展特性与无腐蚀空气环境较接近。而正锯齿波,恰以与环境反应相当的速率恒速加载,因此,环境影响对正锯齿波加载情况最为显著,腐蚀疲劳裂纹扩展最快。正弦波的环境影响及腐蚀疲劳裂纹扩展速率介于正锯齿波与负锯齿波之间。

腐蚀裂纹扩展与每一次循环中交变应力持续时间的长短有关,交变应力持续时间长即改变应力的速率慢,疲劳寿命就短。缆索承重体系桥梁是柔性超静定结构,拉吊索的应力波形一般为高次曲线,与正弦波相似,因而其裂纹扩展速率介于正、负锯齿波之间。

3)应力交变频率

通常,在腐蚀环境下,加载频率对腐蚀疲劳性能的影响同每一循环内环境作用时间长短及裂纹尖端应变速率密切相关。加载频率高时,裂尖应变速率快,腐蚀对疲劳损伤的促进作用较小。反之,加载频率低时,应变速率与电化学反应速率相当,腐蚀对疲劳破坏加速作用明显。

图 7-1 为应力交变频率对低碳钢在不同介质中腐蚀疲劳性能的影响。一般来说,在给定循环数条件下,频率越低,破坏作用越大。但在给定使用时间的情况下,频率越高,破坏作用越大。实质上应力交变频率对低周疲劳的影响与材料对应力腐蚀开裂的敏感性有很大关系,在低中频范围内,对应力腐蚀开裂敏感的材料可以由于疲劳裂纹扩展而破坏;而在低频范围,破坏可能主要是由最大应变期间的应力腐蚀开裂引起的;在极低频时,腐蚀疲劳强度显著降低。在腐蚀与疲劳耦合作用的裂纹扩展过程中,当加载频率大于临界频率时,频率对裂纹扩展没有影响;当加载频率小于临界频率时,频率对裂纹扩展有明显影响。一般交通荷载引起的吊杆应力变化频率较低,因此,将加剧吊杆的疲劳裂纹扩展。

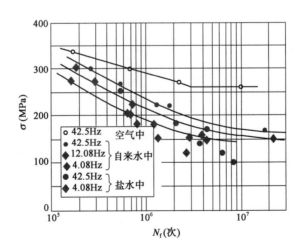

图 7-1 应力交变频率对低碳钢在不同介质中腐蚀疲劳性能的影响

4）应力比

应力比是影响腐蚀疲劳寿命不可忽略的一个因素。在钢结构疲劳研究的早期，国外规范甚至将应力比作为计算疲劳寿命的主要参数。一般而言，随着应力比的降低，应力腐蚀疲劳裂纹扩展将从应力腐蚀裂纹扩展转变为一般疲劳裂纹扩展，腐蚀疲劳寿命随应力比的降低而增加。应力比对裂纹扩展阶段影响一般很小，对裂纹形成和材料断裂阶段的影响较大。

5）加载方式

通常在腐蚀疲劳情况下，扭转应力、弯曲交变应力对材料的破坏比拉-压交变应力严重，但也有少数相反的情况。但在空气中，弯曲疲劳强度则比拉-压疲劳强度高。对于采用平行钢丝的大跨斜拉桥拉索、悬索桥吊索、系杆拱桥吊索来说，一般承受拉-拉交变应力。但是悬索桥跨中短吊索、系杆拱桥拱脚处短吊索，也可能承受弯曲交变应力。对于采用钢丝绳的拉吊索，还可能受到扭转应力、磨损腐蚀疲劳作用。

6）应力作用

应力作用不仅使吊杆中钢丝产生变形，而且会加速钢丝的腐蚀，这种现象称为力学化学效应。根据电化学理论可知，应力可以降低金属电极电位，使金属化学活性提高。通过对承受均匀应力结构的力学化学效应分析，可以计算均匀应力作用下结构的均匀腐蚀速率变化，并对结构寿命做出预期。

实际吊杆在承受均匀拉应力的同时还承受车辆荷载引起的循环应力作用，由于循环拉应力作用将促进裂纹的开展，从而大大降低结构的腐蚀疲劳寿命。

7.2.2 材料因素

材料表面喷丸及防腐处理可以提高腐蚀疲劳寿命。材料的强度、化学成分和热处理状态对疲劳强度影响不大，但材料中的夹杂物和热处理不当将会显著降低疲劳强度。材料表面残余应力情况也会影响腐蚀疲劳寿命，腐蚀疲劳寿命按残余应力情况从大到小依次为压应力和拉应力。

7.2.3 环境腐蚀介质因素

1）介质成分及浓度

金属在蒸馏水中的疲劳强度要低于在空气中的疲劳强度。而金属在盐水中的疲劳强度又总是比在纯水中低得多。但疲劳强度的这种降低,并不总是随着溶液浓度的增加而增加。例如,低碳钢在 NaCl 溶液中当浓度在 0.025~1mol/L 内变化时,疲劳强度变化显著,但当浓度在 1~2mol/L 范围内变化时,疲劳强度的降低差别不大,而当浓度在 0.025mol/L 以下时,疲劳强度则与蒸馏水相同。研究表明:镀锌钢绞线在 3% NaCl 溶液中的极化电阻最小,腐蚀电流密度最大,比 5% NaCl 和 20% NaCl 溶液更易遭受腐蚀,见表 7-1。

不同电化学方法测得的镀锌钢丝处于 NaCl 溶液中的腐蚀参数表　　表 7-1

NaCl 溶液浓度	线性极化法 R_p (Ohm)	Tafel 直线外推法 I_{corr} (A/cm^2)	交流阻抗法
3% NaCl	1.23×10^3	5.34×10^{-5}	极化电阻最小,腐蚀速度最快
5% NaCl	2.64×10^3	1.25×10^{-6}	极化电阻最大,腐蚀速度最慢
20% NaCl	1.91×10^3	3.74×10^{-5}	腐蚀速率介于两者之间

腐蚀吊杆的溶液一般来于河流中的水蒸气和日常的降雨,不同的地域,吊杆的溶液腐蚀环境各不相同。氯离子主要来自沿海或海上的盐雾环境,或者含有氯化钠颗粒尘埃的大气,它们沉积于拉索表面的水膜中,氯离子有着很强的吸湿作用,并随雨水渗透到钢绞线表面,这样就会加剧钢绞线表面的水膜电解作用,加速电化学腐蚀的进行。

2)介质 pH 值

图 7-2 给出了在 3% NaCl 溶液中 pH 值对于低碳钢疲劳性能影响示意图。当溶液 pH 值在 4~10 范围内改变时,疲劳寿命变化不大。pH = 12 时,寿命增加;pH = 1 时,寿命减小。而随着 pH 的升高,疲劳强度逐渐提高,这是由于腐蚀过程中金属表面形成比较完好的氢氧化铁扩散阻挡层,减慢了腐蚀过程。

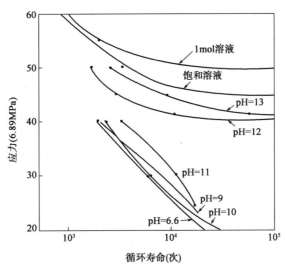

图 7-2　溶液 pH 值对低碳钢在 3% NaCl 溶液中疲劳性能的影响

对于我国内陆处于露天运营的缆索支承型桥梁而言,由于大气污染造成的酸雨等原因,桥梁拉吊索长期处于酸性环境中,寿命比在正常环境下大大减小。

3)介质中的氧

金属在中性溶液中的腐蚀主要是与氧气发生的反应,即耗氧腐蚀,决定腐蚀速率的主要因素是水溶液中氧气浓度及其扩散速度,氧在水溶液中的浓度对中性水溶液中的金属疲劳腐蚀性能有决定性的影响。通过除气可消除影响钢材性能的氧气,从而提高吊杆的耐久性能。对于正常运营的缆索支承型桥梁,通过有效的日常维护与检修,可以有效地提高吊杆的使用寿命。

4)环境温度

吊杆长期处于室外,温度变化较大。研究表明,低碳钢在人造海水腐蚀环境下,当温度提高时(常温),疲劳性能下降。温度从15℃升至35℃时,疲劳寿命降低约一半。温度升高,一是降低氧在溶液中的溶解度,从而降低氧在溶液中的浓度,有可能降低耗氧腐蚀速率,二是加速化学(电化学)反应速率,物质传输过程如扩散速率均起加速作用。因此,温度升高一般均降低腐蚀疲劳性能,但是对于空气中的机械疲劳性能,温度影响不大。

7.3 吊索索体钢丝疲劳寿命试验研究

7.3.1 试验试件

1)新钢丝

试验新钢丝试件选用公称直径为5.00mm、强度等级为1670MPa的镀锌钢丝,每组试件数量为3根。

2)表面无腐蚀损伤钢丝

表面无腐蚀损伤钢丝取自某大跨系杆拱桥更换后的吊杆,见表7-2。

表面无腐蚀损伤钢丝　　　　　　　　　　表7-2

编号	外观图片	腐蚀特征
O-Ⅰ		剖开吊杆后钢丝表面油脂覆盖完整,钢丝未发生腐蚀

注:O-Ⅰ钢丝表示表面无腐蚀损伤钢丝,与下文 O-Ⅱ、O-Ⅲ、O-Ⅳ 表面有腐蚀损伤钢丝编号相对应。

3) 预制蚀坑钢丝

实际环境下桥梁钢丝的腐蚀具有很大的随机性,腐蚀程度、蚀坑尺寸、蚀坑分布位置等都具有很大的不确定性,给试验研究带来了不便,因此,本次试验采用人工预制蚀坑来模拟实际桥梁索体中的腐蚀钢丝。通过控制蚀坑尺寸、蚀坑位置、腐蚀时间来模拟蚀坑对钢丝有效截面的削弱和腐蚀引起的表面缺陷,组织结构变化对钢丝疲劳性能的影响。预制蚀坑钢丝选用公称直径为 5.00mm、强度等级为 1670MPa 的镀锌钢丝,每根钢丝长度为 400mm,缺口由江苏法尔胜材料检测有限公司试样制样室线切割机床制作,缺口位于钢丝 1/2 处,见表 7-3。

预制蚀坑钢丝　　　　表 7-3

编号	尺寸示意图 (单位:mm)	试件	数量
Ar-Ⅰ	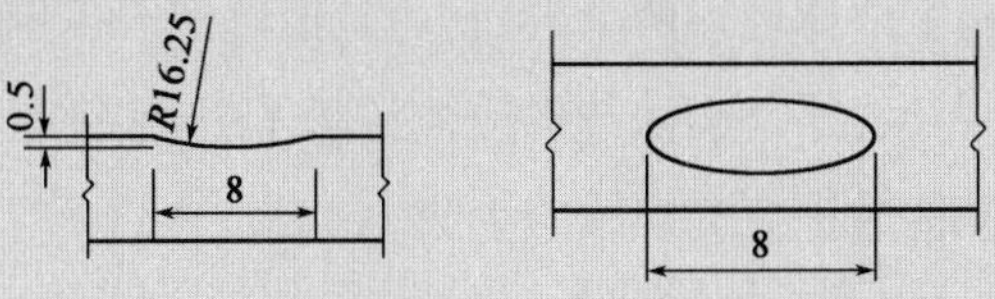 R16.25, 0.5, 8		36
Ar-Ⅱ	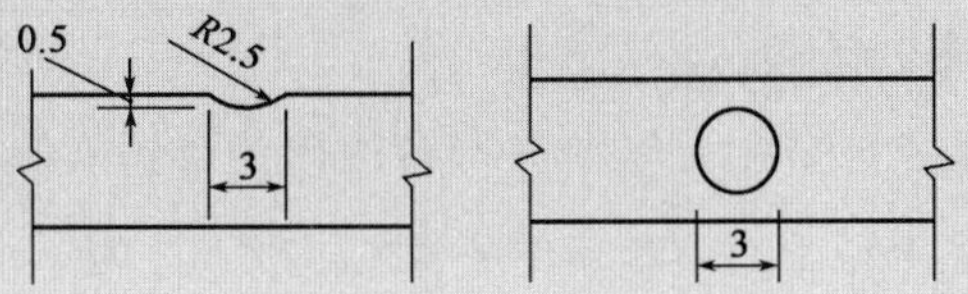 R2.5, 0.5, 3		12
Ar-Ⅲ	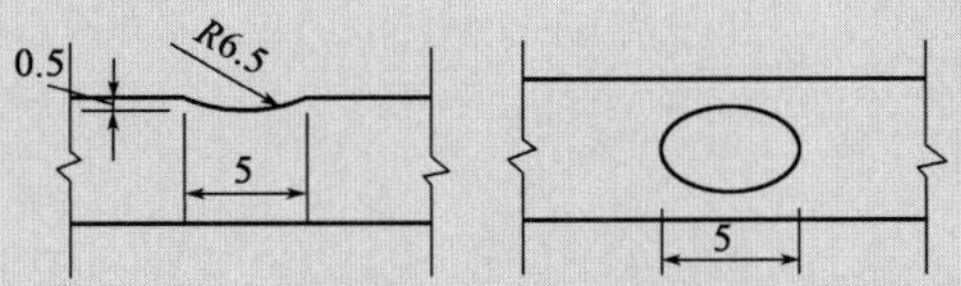 R6.5, 0.5, 5		12
Ar-Ⅳ	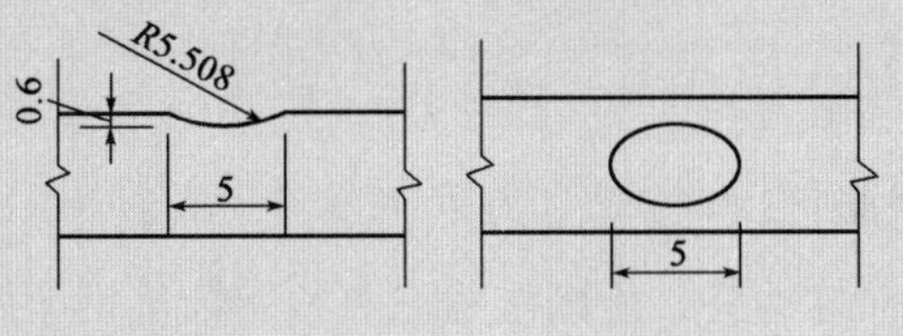 R5.508, 0.6, 5		12

续上表

编号	尺寸示意图 (单位:mm)	试件	数量
Ar-V	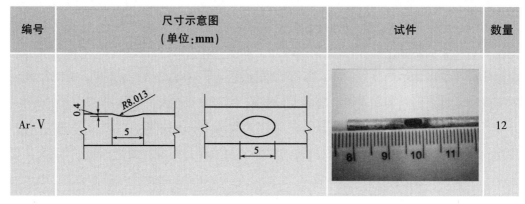		12

7.3.2 预制蚀坑钢丝的加速腐蚀试验

腐蚀蚀坑对钢丝疲劳寿命的影响主要体现在两个方面:一是蚀坑削弱了钢丝的有效截面,引起了应力集中从而形成疲劳源区;二是腐蚀产物侵蚀到基体中,使钢丝表面结构组织发生变化,在疲劳荷载的作用下,促进了疲劳裂纹的生成。

预制蚀坑能够有效模拟钢丝截面的削弱,但无法模拟钢丝表面由于腐蚀而引起的结构组织的变化。为了准确模拟实际腐蚀蚀坑,研究腐蚀蚀坑对钢丝疲劳寿命的影响,疲劳试验前对预制蚀坑钢丝进行加速腐蚀试验。

根据索体钢丝腐蚀特点,钢丝直接暴露在大气中进行腐蚀较为接近实际状态,但大气暴露腐蚀试验周期长,尤其是对设计寿命为100年的桥梁结构来说,为了得到准确可靠的试验数据,大气暴露腐蚀试验往往需要数十年甚至更长时间,因此,采用加速腐蚀试验是一种比较切实可行的试验方法。加速腐蚀试验在室温下进行,腐蚀溶液采用pH=2的3.5% NaCl 的溶液,具体见试验方案。

1)试验材料、试剂与仪器

分析纯(NaCl 含量≥99.5%)、0.1mol/L 硫酸溶液、酸度计(测量范围 0.01 ~ 14.00pH、精度 ±0.1pH)、电子天平、脱脂棉、纯净水等。电子天平与酸度计如图 7-3 所示。

2)试验方案

钢丝加速腐蚀试验,试验时用脱脂棉球将钢丝蚀坑位置包裹,并保证棉球与钢丝充分接触,每 3d 添加一次腐蚀溶液使棉球始终处于潮湿状态。预制蚀坑钢丝腐蚀方案见表 7-4,预制蚀坑钢丝腐蚀如图 7-4 所示。

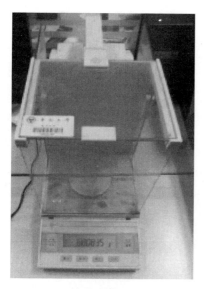

a)电子天平　　　　　　　　　　　b)酸度计

图 7-3　电子天平与酸度计

预制蚀坑钢丝腐蚀方案　　　　　　　　　　表 7-4

试件编号	腐蚀时间	试件编号	腐蚀时间
Ar-Ⅰ-1(1~12)	1 个月	Ar-Ⅲ(1~12)	3 个月
Ar-Ⅰ-2(13~24)	2 个月	Ar-Ⅳ(1~12)	3 个月
Ar-Ⅰ-3(25~36)	3 个月	Ar-Ⅴ(1~12)	3 个月
Ar-Ⅱ(1~12)	3 个月		

图 7-4　预制蚀坑钢丝腐蚀

3) 试验结果与分析

预制蚀坑钢丝表面出现了红色锈斑,红色锈斑的主要成分为 Fe_2O_3。Ar-Ⅰ-1 试件表面红色锈斑不连续,且腐蚀深度浅、面积小,肉眼观察不到蚀坑。Ar-Ⅰ-2 试件表面红色锈斑连续性显著,局部腐蚀程度较腐蚀 1 个月试件有明显增加,锈斑颜色加深,但肉眼很难观察到蚀坑。Ar-Ⅰ-3 试件表面腐蚀严重,出现大量腐蚀物,且腐蚀物易脱落,肉眼可以较为容易地观察到蚀坑,试件表面存在缺陷。预制蚀坑钢丝腐蚀状况见表 7-5。

表 7-5 预制蚀坑钢丝腐蚀状况

钢丝编号	腐蚀后形貌	腐蚀时间
Ar-Ⅰ-1		1 个月
Ar-Ⅰ-2		2 个月
Ar-Ⅰ-3		3 个月

7.3.3 疲劳试验设备与试件预处理

疲劳试验在江苏法尔胜材料检测有限公司 PLG-200 型高频疲劳试验机上进行,如图 7-5 所示。该机最大平均负荷 ±200kN,最大交变负荷峰值 100kN,夹头最大距离 700mm,两立柱间最大距离 500mm。利用电磁激励共振对试件加力,具有能量损耗小、加载无磨损、应力交变频率高、试验周期短等优点。PLG-200 高频疲劳试验机采用 Windows 操作界面,可以较为方便地设定试验参数,同时可以自动实现数据分析与处理、参数实时显示、存储、自动保护等工作。

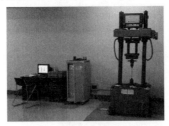
a)PLG-200型高频疲劳试验机

b)PLG-200型高频疲劳试验机主画面

图 7-5　PLG-200 型高频疲劳试验机

为了避免试件在夹具位置断裂,保证疲劳试验的成功,试验采用改进的钢丝夹具,且在试验前对钢丝两端的夹持部位涂抹金刚砂以增加试件与夹具间的摩擦力,避免夹具附加力使试件表面产生损伤,从而导致试件在夹具位置断裂。试件端部处理、改进的钢丝夹具如图7-6和图7-7所示。

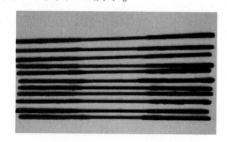

图7-6 试件端部处理

图7-7 疲劳试验专用夹具

7.3.4 疲劳试验方案

试验在恒温下进行,加载波形为正弦波,在应力比一定的条件下,选择不同的循环应力幅对钢丝进行疲劳试验,得到不同循环应力幅下的钢丝疲劳寿命。以应力幅 S 为纵坐标,以钢丝疲劳寿命为横坐标拟合得到索体钢丝的疲劳 S-N 曲线。

疲劳试验参数:加载频率 f、最大应力 S_{max}、最小应力 S_{min}、应力幅值 S_a。应力幅值 S_a、平均应力 S_m、应力比 R 的计算式见式(7-5):

$$S_a = \frac{S_{max} - S_{min}}{2}$$

$$S_m = \frac{S_{max} + S_{min}}{2} \quad (7\text{-}5)$$

$$R = \frac{S_{min}}{S_{max}}$$

1)新钢丝疲劳试验参数

新钢丝疲劳试验参数见表7-6。

新钢丝疲劳试验参数(应力单位:MPa)　　　表7-6

编号分组	S_{max}	S_{min}	S_a	S_m	R	f(Hz)	试件数量
N-1	1300	572	364	936	0.44	80	3
N-2	1100	484	308	792			3
N-3	900	396	252	648			3
N-4	700	308	196	504			3

2) 表面无腐蚀损伤钢丝疲劳试验参数

表面无腐蚀损伤钢丝疲劳试验参数见表 7-7。

表面无腐蚀损伤钢丝疲劳试验参数（应力单位：MPa）　　　表 7-7

表面无腐蚀损伤钢丝	编号分组	S_{max}	S_{min}	S_a	S_m	R	$f(Hz)$	试件数量
O-Ⅰ	O-Ⅰ-1	1300	572	364	936	0.44	80	3
	O-Ⅰ-2	1100	484	308	792			3
	O-Ⅰ-3	900	396	252	648			3
	O-Ⅰ-4	700	308	196	504			3

3) 预制蚀坑钢丝疲劳试验参数

预制蚀坑钢丝疲劳试验参数见表 7-8。

预制蚀坑钢丝试验参数（应力单位：MPa）　　　表 7-8

预制蚀坑种类	编号分组	S_{max}	S_{min}	S_a	S_m	R	$f(Hz)$	试件数量
Ar-Ⅰ-1	Ar-Ⅰ-1-1	1300	572	364	936	0.44	80	3
	Ar-Ⅰ-1-2	1100	484	308	792			3
	Ar-Ⅰ-1-3	900	396	252	648			3
	Ar-Ⅰ-1-4	700	308	196	504			3
Ar-Ⅰ-2	Ar-Ⅰ-2-1	1300	572	364	936	0.44	80	3
	Ar-Ⅰ-2-2	1100	484	308	792			3
	Ar-Ⅰ-2-3	900	396	252	648			3
	Ar-Ⅰ-2-4	700	308	196	504			3
Ar-Ⅰ-3	Ar-Ⅰ-3-1	1300	572	364	936	0.44	80	3
	Ar-Ⅰ-3-2	1100	484	308	792			3
	Ar-Ⅰ-3-3	900	396	252	648			3
	Ar-Ⅰ-3-4	700	308	196	504			3
Ar-Ⅱ	Ar-Ⅱ-1	1300	572	364	936	0.44	80	3
	Ar-Ⅱ-2	1100	484	308	792			3
	Ar-Ⅱ-3	900	396	252	648			3
	Ar-Ⅱ-4	700	308	196	504			3

续上表

预制蚀坑种类	编号分组	S_{max}	S_{min}	S_a	S_m	R	f(Hz)	试件数量
Ar-Ⅲ	Ar-Ⅲ-1	1300	572	364	936	0.44	80	3
	Ar-Ⅲ-2	1100	484	308	792			3
	Ar-Ⅲ-3	900	396	252	648			3
	Ar-Ⅲ-4	700	308	196	504			3
Ar-Ⅳ	Ar-Ⅳ-1	1300	572	364	936	0.44	80	3
	Ar-Ⅳ-2	1100	484	308	792			3
	Ar-Ⅳ-3	900	396	252	648			3
	Ar-Ⅳ-4	700	308	196	504			3
Ar-Ⅴ	Ar-Ⅴ-1	1300	572	364	936	0.44	80	3
	Ar-Ⅴ-2	1100	484	308	792			3
	Ar-Ⅴ-3	900	396	252	648			3
	Ar-Ⅴ-4	700	308	196	504			3

7.4 试验结果与分析

7.4.1 新钢丝疲劳寿命

表7-9给出了新钢丝在各应力幅值下的疲劳寿命。

新钢丝疲劳寿命 表7-9

编号分组	S_a(MPa)	疲劳寿命 N（次）		
N-1	364	117883	125476	130280
N-2	308	253152	274117	238563
N-3	252	601751	573617	561287
N-4	196	>200万次（未断裂）	>200万次（未断裂）	>200万次（未断裂）

从表7-9可以看出,新钢丝疲劳寿命离散性较小。《桥梁缆索用热镀锌或锌铝合金钢丝》(GB/T 17101—2019)要求在 $0.45F_m \sim (0.45F_m - 2\Delta F)$ 的载荷下钢丝的疲劳寿命不小于200万次,本次新钢丝疲劳试验在 $S_a = 196\mathrm{Mpa}$ 的载荷条件下,$N \geqslant 200$ 万次满足规范要求。

图7-8给出了新钢丝的 S-N 曲线。由图7-8可以看出,疲劳寿命随着应力幅值的降低不断增大。应力幅值为364MPa,疲劳寿命平均值为124546次,应力幅值为252MPa,疲劳寿命平均值为578885次,疲劳寿命提高明显。当应力幅值降低为196MPa时,疲劳寿命在200万次以上。可以认为,在应力幅值较小的情况下(S = 196MPa),新钢丝可承受无限多次循环且不破坏。对试验数据进行拟合,得到新钢丝 S-N 曲线方程:

$$S_a N^{0.224} = 4989.1 \tag{7-6}$$

式中:S_a——应力幅值(MPa);

N——新钢丝疲劳寿命(次)。

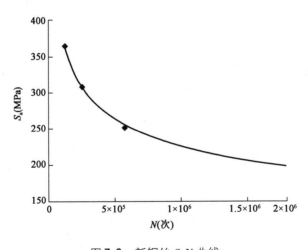

图7-8 新钢丝 S-N 曲线

7.4.2 表面无腐蚀损伤钢丝疲劳寿命

表7-10给出了表面无腐蚀损伤钢丝在各应力幅值下的疲劳寿命。

表面无腐蚀损伤钢丝疲劳寿命　　　　　　表7-10

编号分组	S_a(MPa)	疲劳寿命 N(次)		
O-Ⅰ-1	364	145834	105323	100215
O-Ⅰ-2	308	172948	231071	157919
O-Ⅰ-3	252	482132	515817	461940
O-Ⅰ-4	196	>200万次(未断裂)	>200万次(未断裂)	>200万次(未断裂)

从表7-10可以看出,同一应力幅下,O-Ⅰ级钢丝疲劳寿命离散性较大,在高应力幅值下离散性更为明显。具体分析为:$S_a=364$MPa,疲劳寿命最大值为145834,最小值为100215,相差45.52%;$S_a=308$MPa,疲劳寿命最大值为231071,最小值为157919,相差46.32%;$S_a=252$MPa,疲劳寿命最大值为515817,最小值为482132,相差11.66%。出现上述情况的原因主要是,O-Ⅰ级钢丝表面虽然没有出现肉眼能观察到的腐蚀损伤,但服役期间在各种荷载作用下依然产生了不同程度的损伤,在高应力幅值下疲劳裂纹萌生及扩展较快,因而疲劳寿命离散性增大。

图7-9给出了O-Ⅰ级钢丝的 S-N 曲线。从图7-9可以看出,在应力幅值为196MPa的条件下,O-Ⅰ级钢丝可承受无限多次循环而不破坏。对试验数据进行拟合,得到O-Ⅰ级钢丝的 S-N 曲线方程:

$$S_a N^{0.211} = 4123.4 \qquad (7\text{-}7)$$

式中:S_a——应力幅值(MPa);

N——O-Ⅰ级钢丝疲劳寿命(次)。

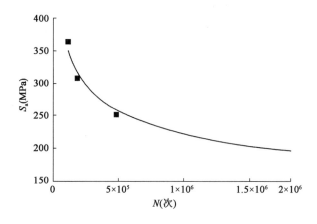

图7-9　O-Ⅰ级钢丝 S-N 曲线

7.4.3 新钢丝、O-Ⅰ级钢丝疲劳寿命比较分析

为了进一步分析新钢丝与O-Ⅰ级钢丝的疲劳寿命变化规律,图7-10给出了新钢丝、O-Ⅰ级钢丝疲劳寿命的 S-N 曲线。

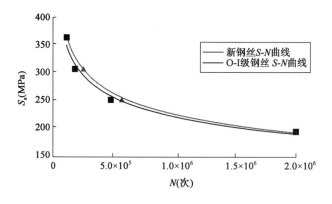

图 7-10　新钢丝、O-Ⅰ级钢丝 S-N 曲线

从图7-11中可以看出,在相同应力幅值下,O-Ⅰ级钢丝疲劳寿命要小于新钢丝疲劳寿命。具体分析为:$S_a = 364$MPa 时,新钢丝疲劳寿命为 $N = 124546$ 次,O-Ⅰ级钢丝疲劳寿命为 $N = 117124$ 次,两者相差 6.34%;$S_a = 308$MPa 时,新钢丝疲劳寿命为 $N = 255277$ 次,O-Ⅰ级钢丝疲劳寿命为 $N = 187313$ 次,两者相差 36.29%;$S_a = 252$MPa 时,新钢丝疲劳寿命为 $N = 578885$ 次,O-Ⅰ级钢丝疲劳寿命为 $N = 486630$ 次,两者相差 18.96%;$S_a = 196$MPa 时,新钢丝疲劳寿命与O-Ⅰ级疲劳寿命都达到 200 万次以上。

通过以上分析可以看出:桥梁索体中的无腐蚀损伤钢丝在低应力幅值下的疲劳寿命与新钢丝疲劳寿命相差不大,但在高应力幅值下的疲劳寿命明显低于新钢丝疲劳寿命。分析原因主要是无腐蚀损伤钢丝在服役期间产生的疲劳损伤积累,在高应力幅值荷载作用下,原本存在的损伤积累加快了钢丝疲劳裂纹的萌生与扩展,因而缩短了疲劳寿命。

以上分析结果表明,桥梁索体中无腐蚀损伤钢丝在低应力幅值下疲劳性能依旧能够满足要求,但在高应力幅值下疲劳性能有较为明显的下降,需要引起一定的重视。

7.4.4 表面有腐蚀损伤钢丝的疲劳寿命退化规律研究

对服役13年的系杆拱桥吊杆旧钢丝按表面腐蚀形貌进行分类,并进行疲劳试验。表7-11给出了大桥吊索腐蚀钢丝等级分类及表面腐蚀特征,表7-12和表7-13给出了腐

蚀钢丝疲劳试验相关参数与试验结果。

袁州大桥吊索腐蚀钢丝等级　　　　　　　　　表 7-11

旧钢丝分类	旧钢丝表面腐蚀形貌	腐蚀特征
O-Ⅱ		钢丝表面出现均匀浮锈,但表面光滑未发现蚀坑存在
O-Ⅲ		钢丝表面覆盖一层铁锈,腐蚀较为严重,已经开始出现蚀坑,但蚀坑形态较小
O-Ⅳ		钢丝表面腐蚀严重,腐蚀已经造成局部截面的削弱,钢丝表面出现较为明显的宏观蚀坑

表面有腐蚀损伤钢丝试验参数(应力单位:MPa)　　　　表 7-12

旧钢丝分类	编号分组	S_{max}	S_{min}	S_a	S_m	R	$f(Hz)$	试件数量
O-Ⅱ	O-Ⅱ-1	1500	660	420	1080	0.44	80	6
	O-Ⅱ-2	1200	528	336	864			6
	O-Ⅱ-3	930	409	260.5	670			6
O-Ⅲ	O-Ⅲ-1	1500	660	420	1080	0.44	80	6
	O-Ⅲ-2	1200	528	336	864			6
	O-Ⅲ-3	930	409	260.5	670			6
O-Ⅳ	O-Ⅳ-1	1500	660	420	1080	0.44	80	6
	O-Ⅳ-2	1200	528	336	864			6
	O-Ⅳ-3	930	409	260.5	670			6

表面有腐蚀损伤钢丝疲劳寿命(应力单位:MPa)　　　　表 7-13

编号分组	S_a(MPa)	疲劳寿命 N(次)					
O-Ⅱ-1	420	93023	95424	69832	100911	94873	100600
O-Ⅱ-2	336	145392	137402	121574	143673	126437	138210
O-Ⅱ-3	260.5	202411	253980	230667	234538	263609	240923
O-Ⅲ-1	420	63409	77519	62373	60728	57323	70549
O-Ⅲ-2	336	112911	72903	124433	78845	96566	113583

续上表

编号分组	S_a(MPa)	疲劳寿命 N(次)					
O-Ⅲ-3	260.5	152063	119978	148732	152190	131276	167328
O-Ⅳ-1	420	10970	10739	8127	9341	8547	5892
O-Ⅳ-2	336	332041	44152	46865	39882	61218	41937
O-Ⅳ-3	260.5	79875	107091	101085	53845	60715	58223

利用表7-10和表7-13的疲劳试验数据,拟合了吊杆旧钢丝的 S-N 曲线,如图7-11所示。

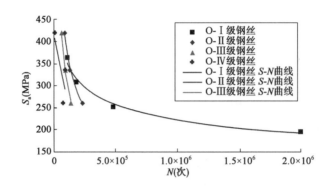

图7-11 不同腐蚀程度的旧钢丝 S-N 曲线

从图7-12可以看出,O-Ⅰ、O-Ⅱ级钢丝疲劳寿命在低应力幅值下相差明显。具体分析为:S_a=336MPa 时,O-Ⅱ级钢丝疲劳寿命为 N=135448 次,S_a=308MPa 时,O-Ⅰ级钢丝疲劳寿命为 N=187313 次,相差38.29%;S_a=260.5MPa 时,O-Ⅱ级钢丝疲劳寿命为 N=237688 次,S_a=252MPa 时 O-Ⅰ级钢丝疲劳寿命为 N=486630 次,相差105%。分析结果表明,即使钢丝表面未出现宏观蚀坑,腐蚀程度较轻,但在低应力幅值疲劳荷载作用下,疲劳寿命仍然下降明显。

从图7-12可以看出,O-Ⅱ、O-Ⅲ、O-Ⅳ级钢丝,随着腐蚀程度的增加,在相同应力幅值下,钢丝疲劳寿命不断下降。S_a=420MPa 时,O-Ⅱ、O-Ⅲ、O-Ⅳ级钢丝疲劳寿命最大相差83508 次;S_a=336MPa 时,最大相差41099 次;S_a=260.5MPa 时,最大相差160882 次。应力幅值越低,O-Ⅱ、O-Ⅲ、O-Ⅳ级钢丝疲劳寿命相差越大。分析原因主要有:一方面,在高应力幅作用下,表面有腐蚀损伤的钢丝疲劳裂纹扩展较快,且钢丝很快就达到失稳破坏,在疲劳断口特征上体现为扩展区所占面积较小,瞬断区所占面积较大;另一方面,在低应力幅值作用下,腐蚀程度越低的钢丝,疲劳裂纹扩展时间越长,直至扩展达到失稳破坏,与高应力幅值作用相比,在疲劳断口特征上体现为扩展区所占面积较大,瞬断区所占面积较小。

7.4.5 预制蚀坑钢丝的疲劳寿命

表 7-14 给出了预制蚀坑钢丝在各应力幅值下的疲劳寿命。

预制蚀坑钢丝疲劳寿命　　　　　　　表 7-14

编号	S_a(MPa)	疲劳寿命 N(次)		
Ar-Ⅰ-1	364	18956	14154	15522
	308	30888	36999	31544
	252	50849	37890	32371
	196	91759	98360	175323
Ar-Ⅰ-2	364	17661	15121	9321
	308	22034	24854	24804
	252	28428	31499	46265
	196	105728	118486	127266
Ar-Ⅰ-3	364	18102	26877	15145
	308	24740	13280	26226
	252	29379	29528	35033
	196	70923	67555	74903
Ar-Ⅱ	364	12583	9897	8679
	308	25208	19122	22488
	252	34386	50330	32130
	196	77428	77567	51181
Ar-Ⅲ	364	14379	21171	18855
	308	14700	26929	33640
	252	54275	52137	64119
	196	137153	115143	92775
Ar-Ⅳ	364	23785	18786	34079
	308	21247	28101	28625
	252	37279	76260	41691
	196	84439	76523	92784

续上表

编号	S_a(MPa)	疲劳寿命 N(次)		
Ar-V	364	19970	19092	12112
	308	39773	42693	30438
	252	63148	53461	52303
	196	175323	155234	111115

根据表 7-14 中试验数据,图 7-12 给出了 Ar-Ⅰ钢丝的 S-N 曲线。

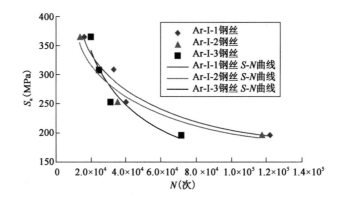

图 7-12　Ar-Ⅰ钢丝 S-N 曲线

从图 7-13 可以看出,随着腐蚀程度的增加,在相同应力幅值下钢丝的疲劳寿命存在下降趋势,特别是在低应力幅值下表现更为明显。$S_a = 364$ MPa 时,钢丝的疲劳寿命为 $N = 16211$ 次(Ar-Ⅰ-1)、$N = 14034$ 次(Ar-Ⅰ-2)、$N = 20041$ 次(Ar-Ⅰ-3),疲劳寿命最大相差 6007 次,且 Ar-Ⅰ-3 疲劳寿命最大;$S_a = 252$ MPa 时,钢丝的疲劳寿命为 $N = 40370$ 次(Ar-Ⅰ-1)、$N = 35397$ 次(Ar-Ⅰ-2)、$N = 31313$ 次(Ar-Ⅰ-3);$S_a = 196$ MPa 时,钢丝的疲劳寿命为 $N = 121814$ 次(Ar-Ⅰ-1)、$N = 117160$ 次(Ar-Ⅰ-2)、$N = 71127$ 次(Ar-Ⅰ-3)。

以上分析结果表明,在低应力幅值下,预制蚀坑钢丝疲劳寿命随腐蚀时间的延长而下降,但在高应力幅值下疲劳寿命没有呈现出与腐蚀时间相关的规律性,出现这种情况的原因是高应力幅值下预制蚀坑钢丝疲劳寿命较小,蚀坑对钢丝截面削弱的影响要远远大于腐蚀对钢丝造成的影响。

图 7-13 给出了 Ar-Ⅰ-1 钢丝与新钢丝的 S-N 曲线。从图 7-13 可以看出,在相同应力幅值下,Ar-Ⅰ-1 钢丝疲劳寿命与新钢丝相比,疲劳寿命大幅度下降,且在低应力幅值下表现更为明显。当 $S_a = 364$ MPa 时,新钢丝疲劳寿命是 Ar-Ⅰ-1 钢丝疲劳寿命的 7.68

倍,当 $S_a=252MPa$ 时,新钢丝疲劳寿命是 Ar-Ⅰ-1 钢丝疲劳寿命的 14.34 倍。

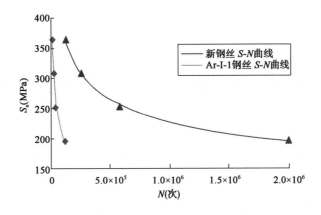

图 7-13　Ar-Ⅰ-1 钢丝与新钢丝 S-N 曲线

出现这种情况的原因有:在高应力幅值下,钢丝疲劳裂纹萌生时间被缩短,相对于预制蚀坑钢丝而言,新钢丝疲劳裂纹萌生时间缩短更为明显;低应力幅值下,疲劳裂纹萌生时间需要更长时间,相对于预制蚀坑钢丝而言,新钢丝表面没有缺陷,因而疲劳裂纹萌生需要更多次应力循环作用,且在低应力幅值下,疲劳裂纹扩展速率相对较为缓慢,提高了疲劳寿命。

为分析蚀坑深度对钢丝疲劳寿命的影响,图 7-14 给出了 Ar-Ⅲ、Ar-Ⅳ、Ar-Ⅴ 钢丝的 S-N 曲线。从图 7-14 可以看出,在高应力幅值下,蚀坑深度对 Ar-Ⅲ、Ar-Ⅳ、Ar-Ⅴ 钢丝疲劳寿命影响较小,但在应力幅值较小的情况下,如 $S_a=196MPa$ 时,蚀坑深度对 Ar-Ⅲ、Ar-Ⅳ、Ar-Ⅴ 钢丝疲劳寿命影响显著,钢丝疲劳寿命随着蚀坑深度的增加不断下降。

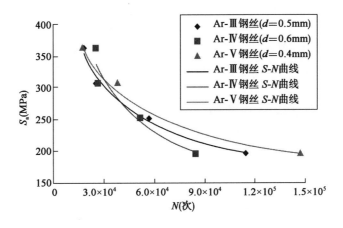

图 7-14　预制蚀坑钢丝 S-N 曲线(d 为预制蚀坑深度)

出现这种情况的原因主要是在高应力幅值下,由于钢丝受到的荷载作用较大,疲劳裂纹萌生较快,蚀坑深度对疲劳寿命影响不明显,但在低应力幅值下荷载较小,蚀坑深度越深,钢丝截面削弱越大,局部应力集中越严重,促进了疲劳裂纹的萌生和扩展,缩短了钢丝的疲劳寿命。

从上述分析可以看出,在低应力幅值条件下蚀坑深度对钢丝疲劳寿命影响显著,且随着蚀坑深度的增加疲劳寿命不断下降。

为分析蚀坑长度对钢丝疲劳寿命的影响,图 7-15 给出了 Ar-Ⅰ-3、Ar-Ⅱ、Ar-Ⅲ 钢丝的 S-N 曲线。从图 7-15 可以看出,钢丝疲劳寿命与蚀坑长度没有呈现出一定的规律,蚀坑长度对钢丝疲劳寿命影响不显著。分析原因认为:蚀坑长度对钢丝应力集中的影响较小,且在疲劳试验中,预制蚀坑钢丝疲劳裂纹萌生时间较短且扩展较快,因而钢丝疲劳寿命较小,未能体现出蚀坑长度对钢丝疲劳寿命的影响。

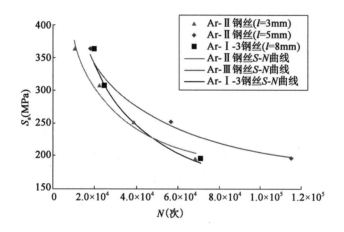

图 7-15 预制蚀坑钢丝 S-N 曲线(l 为预制蚀坑长度)

7.5 钢丝疲劳断口分析

7.5.1 疲劳断口的宏观分析

桥梁索体钢丝的断裂破坏中,疲劳断裂占相当大比例,通过断口的分析有利于了解疲劳断裂的机理,因此,对疲劳断口的研究就显得十分必要。疲劳断口根据断裂过程可以分为三个区域:疲劳核心区、疲劳裂纹扩展区和瞬时破断区。

新钢丝疲劳典型断口如图7-16所示。用肉眼或低倍放大镜就能观察到疲劳核心区的大致位置。疲劳核心区是疲劳破坏的起点,一般发生在钢丝的表面。疲劳裂纹扩展区常呈贝纹状、哈壳状或海滩波纹状。瞬时破断区是疲劳裂纹达到临界尺寸后的快速破断,其特征为静载拉伸断口中的放射区和剪切唇相同。

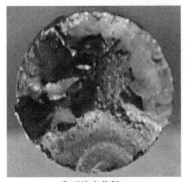
a)典型的疲劳断口

b)典型的疲劳断口

图 7-16 新钢丝典型的疲劳断口

7.5.2 钢丝疲劳断口分类

对疲劳试验的疲劳断口进行分类,各类型断口都呈现出明显的脆性断裂特征,但外观上差别较大,根据断口的外观特征,大致将其分为四类,如图7-17所示。

图7-17a)中,裂纹核心区、扩展区平面较为平整,当裂纹深度扩展到直径的1/3左右时,钢丝快速破断,整个过程颈缩不明显,但瞬时破断区存在明显纤维状区域,与拉伸断口类似。

图7-17b)中,裂纹核心区、扩展区规则平整,裂纹扩展初始阶段垂直于钢丝,当裂纹深度扩展到约直径的0.4倍时,裂纹沿钢丝纵向扩展,扩展一定距离后,钢丝很快被撕裂,撕裂面基本与钢丝垂直。

图7-17c)中,裂纹扩展初期垂直于钢丝,当扩展深度达到直径的0.5倍时,裂纹沿钢丝截面约45°方向扩展,扩展一段距离后突然断裂,扩展区较为锋利不平整,有尖端突出。

图7-17d)中,存在多个裂纹核心区,裂纹扩展初期各核心区独立扩展,裂纹扩展区

不规整,当多个核心区扩展连成整体后,钢丝瞬时破断。

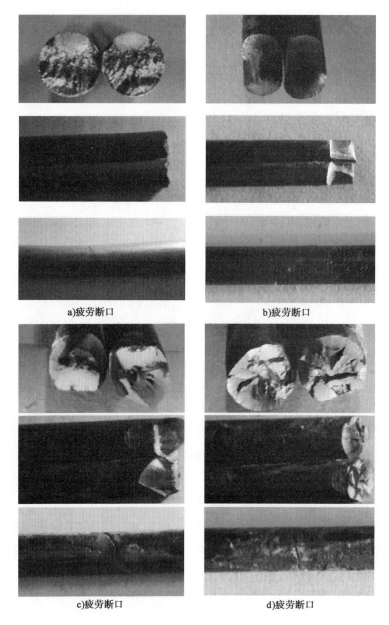

a)疲劳断口　　　　　　　　　b)疲劳断口

c)疲劳断口　　　　　　　　　d)疲劳断口

图 7-17　四类典型疲劳断口

根据轴向疲劳断口的形态及特征,图 7-18 给出了不同应力幅值下的预制蚀坑钢丝疲劳断裂典型断口。由图 7-18 可以看出,疲劳核心区都是在表面蚀坑处形成,疲劳区外侧为瞬时破断区,具有明显的放射花样。在高应力幅值下,疲劳裂纹扩展不充分,疲劳区小,瞬时破断区大,疲劳寿命短,如图 7-18a)断口($S_a = 364 \text{MPa}$);低应力幅值下,疲劳裂纹扩展充分,疲劳区大,瞬时破断区小,疲劳寿命长,如图 7-18d)断口($S_a=196\mathrm{MPa}$)。

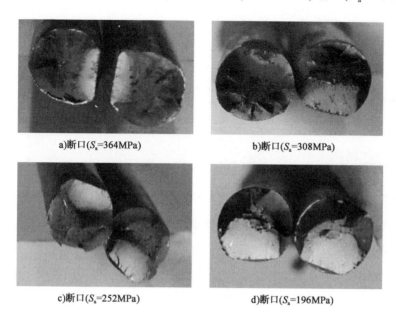

图 7-18　预制蚀坑钢丝在不同应力幅作用下的疲劳断口

第8章 大跨桥梁吊索钢丝腐蚀疲劳寿命评估

国内外对于金属材料的腐蚀疲劳寿命评估方法进行了诸多研究,提出了多种腐蚀疲劳寿命评估模型,虽然这些腐蚀疲劳裂纹扩展模型都有明确的意义,但是在具体工程应用时过于复杂。国内外学者把金属材料腐蚀疲劳破坏过程分成几个阶段,认为在腐蚀疲劳初期以腐蚀为主,当蚀坑发展到一定阶段时以疲劳裂纹扩展为主。

本章首先分析桥梁吊索钢丝的腐蚀疲劳过程,根据吊索钢丝腐蚀疲劳破坏特点,确立吊索钢丝腐蚀疲劳裂纹形成和扩展过程,提出适合于工程应用的吊索钢丝腐蚀疲劳寿命评估方法,最后通过算例分析复杂运营条件下各因素(如腐蚀环境、温度和应力幅)对吊索钢丝腐蚀疲劳寿命的影响。

8.1 吊索钢丝腐蚀疲劳过程

对于腐蚀疲劳,在腐蚀疲劳初期,腐蚀占主导地位,但是随着疲劳裂纹的扩展,蚀坑扩展被疲劳裂纹扩展替代。对于一般金属材料的腐蚀疲劳,最初的腐蚀疲劳过程模型是三阶段腐蚀疲劳寿命过程模型,该模型主要包括裂纹萌生、浅裂纹到深裂纹的扩展和断裂,这个模型没有考虑腐蚀蚀坑的萌生和短裂纹过程。

后来有学者提出金属七阶段腐蚀疲劳寿命过程模型,该腐蚀疲劳模型包括蚀坑萌生、蚀坑扩展、蚀坑到疲劳裂纹萌生的转化、短裂纹的扩展、短裂纹到长裂纹的转化、长裂纹扩展和断裂,并利用该模型进行了腐蚀疲劳寿命的概率评估。

吊索钢丝腐蚀疲劳破坏不同于上述单一金属腐蚀疲劳破坏,因为吊索钢丝表面有一层镀锌层,钢丝基体的腐蚀必须在镀锌层腐蚀之后才能发生,即钢丝的腐蚀疲劳破坏过程增加了镀锌层腐蚀。根据和外部环境接触的先后及破坏的先后顺序,可将吊索钢丝的腐蚀演化过程描述为:护套老化开裂→钢丝镀锌层的腐蚀失效→钢丝均匀腐蚀及坑蚀→钢丝的腐蚀疲劳→钢丝断裂失效。

利用该模型在进行吊索钢丝腐蚀疲劳评估时,虽然能够进行腐蚀吊索疲劳寿命评估,但存在以下3个问题:

(1)该模型在进行腐蚀疲劳裂纹扩展计算时,没有考虑蚀坑的萌生、短裂纹的扩展和短裂纹向长裂纹的转化等过程,没有区分短裂纹和长裂纹的扩展速率的不同。但是近年来的研究表明,短裂纹的扩展速率远远小于长裂纹的扩展速率,在利用该模型进行吊索钢丝腐蚀疲劳寿命评估时,如果利用短裂纹或长裂纹的扩展速率来代替整个疲劳寿命过程的裂纹扩展速率,可能会产生一定的误差。

(2)该模型在进行蚀坑扩展计算时,蚀坑等效裂纹应力强度因子取值如式(8-1)所示。

$$\Delta K_s = \frac{2.2}{\pi} K_t \Delta\sigma \sqrt{\pi a} \qquad (8-1)$$

式中:K_t——应力强度集中因子,取 $K_t = 2.6$。

式(8-1)与有限平板应力强度因子公式表达相同,但是由于吊索钢丝是三维圆柱体,其应力强度因子计算公式与有限平板的应力强度因子计算公式完全不同,如果利用该公式进行吊索钢丝腐蚀疲劳寿命评估时,可能会产生一定的误差。

(3)该模型在进行判断钢丝是否断裂时,采用有限平板的应力强度因子门槛值计算公式,如式(8-2)所示。但是吊索钢丝是三维圆柱体,利用该式计算应力强度因子门槛值易产生一定的误差。

$$K_I = \sigma \sqrt{\pi a} F\left(\frac{a}{d}\right) \qquad (8-2)$$

式中,$F\left(\frac{a}{d}\right)$ 的取值是假设裂纹近似按照圆球形扩展,如式(8-3)所示:

$$F\left(\frac{a}{d}\right) = \frac{0.865}{\frac{a}{d} - 0.324} + 0.681 \qquad (8-3)$$

根据前述分析,吊索钢丝裂纹在裂纹扩展初期是半圆形裂纹,裂纹扩展后期近似于直线形,基于这两方面原因,利用式(8-2)计算腐蚀疲劳寿命可能存在一定的误差。

基于上述分析,利用该模型进行具体桥梁工程的吊索钢丝腐蚀疲劳寿命评估时,虽然能够进行吊索疲劳寿命评估,但是疲劳寿命误差有可能过大,所以有必要根据吊索钢丝腐蚀疲劳寿命过程和吊索钢丝受力特点,对该模型及各阶段的计算方法加以改进和完善。

由于本书只研究吊索钢丝的腐蚀疲劳寿命,所以不考虑护套失效时间,平行钢丝腐蚀疲劳裂纹扩展过程分解成镀锌层腐蚀失效、基体蚀坑萌生、基体蚀坑形成、基体短裂纹扩展、基体长裂纹扩展和断裂破坏等阶段。吊索钢丝腐蚀疲劳寿命过程如图 8-1 所示。

图 8-1　吊索钢丝腐蚀疲劳寿命过程

根据上述分析,本书认为正常运营状态下吊索腐蚀疲劳全过程寿命由上述几个阶段组成,可表达为:

$$t_f = t_{xc} + t_{km} + t_{kf} + t_{scf} + t_{lcf} \tag{8-4}$$

式中：t_f——吊索钢丝腐蚀疲劳总寿命（不包括护套失效时间）；

t_{xc}——镀锌层腐蚀时间；

t_{km}——蚀坑萌生时间；

t_{kf}——基体腐蚀坑形成及由此形成短裂纹所需时间；

t_{scf}——基体短裂纹扩展向长裂纹转变所需时间；

t_{lcf}——长裂纹扩展到断裂失效所需时间。

8.2　带有表面裂纹的钢丝应力强度因子研究

钢丝裂纹应力强度因子对于其疲劳断裂分析、疲劳裂纹扩展寿命评估和钢丝断裂强度评估十分重要。但是,圆柱体构件的应力强度因子目前还没有解析解,Newman 等以张开型裂纹为基础,得到圆环截面构件在拉弯荷载作用下的应力强度因子。国内外学者采用试验的方法和有限元方法研究圆柱体试件拉伸荷载作用下裂纹的扩展行为,得出应力强度因子形状修正系数表达式。

在目前的研究中,无论是通过疲劳试验,还是有限元方法,对于钢丝裂纹应力强度因子计算都有各自缺点：通过疲劳试验获取数据费用高,钢丝裂纹不像平板试件容易量测,试验比较容易失败;传统有限元方法划分单元多,计算时间长,计算机硬件要求高。而子模型法只对疲劳涉及的区域进行精细模拟和分析,避免了这一缺点。本节基于子模型法,研究带有表面裂纹的钢丝应力强度因子,并拟合得到带有表面裂纹的钢丝应力强度因子形状修正系数表达式。

8.2.1 应力强度因子概念

裂纹按照其力学特征可以分为三种基本类型,分别为张开型(Ⅰ型)裂纹、滑开型(Ⅱ型)裂纹和撕开型(Ⅲ型)裂纹,如图8-2所示。

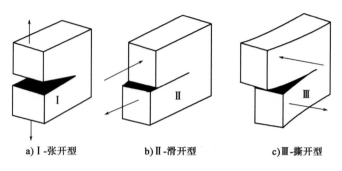

图 8-2 裂纹类型

对于无限平板,具有长为 $2a$ 的穿透性裂纹,当它受到均匀拉力作用时(属于Ⅰ型加载),其裂纹端部区域($r \rightarrow 0$)的应力分量可以应用弹性理论解得:

$$\begin{cases} \sigma_x = \dfrac{K_I}{\sqrt{2\pi r}} \cos \dfrac{\theta}{2} \left[1 - \sin \dfrac{\theta}{2} \sin \dfrac{3\theta}{2} \right] \\ \sigma_y = \dfrac{K_I}{\sqrt{2\pi r}} \cos \dfrac{\theta}{2} \left[1 + \sin \dfrac{\theta}{2} \sin \dfrac{3\theta}{2} \right] \\ \tau_{xy} = \dfrac{K_I}{\sqrt{2\pi r}} \cos \dfrac{\theta}{2} \sin \dfrac{\theta}{2} \sin \dfrac{3\theta}{2} \\ u = \dfrac{K_I}{4\mu} \sqrt{\dfrac{r}{2\pi}} \left[(2k-1) \cos \dfrac{\theta}{2} - \cos \dfrac{3\theta}{2} \right] \\ v = \dfrac{K_I}{4\mu} \sqrt{\dfrac{r}{2\pi}} \left[(2k+1) \sin \dfrac{\theta}{2} - \sin \dfrac{3\theta}{2} \right] \end{cases} \quad (8-5)$$

式中:σ_x、σ_y、τ_{xy}——应力分量;

u、v——位移分量;

k——系数,对平面应变状态 $k = 3 - 4v$,对平面应力状态 $k = (3-v)/(1+v)$,v 为泊松比。

不难看出,裂纹尖端应力场和位移场都与 K_I 成正比。K_I 称为裂纹尖端应力场强度因子,简称应力强度因子(Stress intensity factor)。应力强度因子反映裂纹尖端附近整个应力场强弱程度,是表征裂纹尖端附近应力场强度的一个有效参数,可作为判断裂纹是否进入失稳状态的一个指标,单位为 $MPa \cdot m^{1/2}$ 或 $MN/m^{3/2}$。

裂纹尖端应力强度因子的表达式为:

$$K_I = \lim_{r \to 0} \sigma_y \sqrt{2\pi r} \tag{8-6}$$

也可由位移关系式推出:

$$K_I = \lim_{r \to 0} V \frac{E}{4(1-\nu^2)} \sqrt{\frac{2\pi}{r}} \tag{8-7}$$

式中:V——位移分量;

ν——泊松比。

可见应力强度因子 K_I 在裂纹尖端附近是有限量。在无限大板中心裂纹受拉应力情况下,应力强度因子表达式为:

$$K_I = \sigma\sqrt{\pi a} \tag{8-8}$$

三种断裂裂纹,I 型裂纹最为常见,也最危险。吊索钢丝常见断裂就属于此类裂纹。对于 I 型裂纹加载下的应力强度因子,通常可以引进一个几何形状因子 Y(随裂纹处结构的几何参数、裂纹尺寸、形状、边界条件而变化)进行修正,得到通用应力强度因子表达式:

$$K_I = Y\sigma\sqrt{\pi a} \tag{8-9}$$

式中:σ——名义应力;

a——裂纹深度尺寸;

Y——形状修正系数(随裂纹处结构的几何参数、裂纹尺寸、形状、边界条件而变化)。

8.2.2 基于子模型法的带表面裂纹的钢丝应力强度因子计算

1)有限元子模型法简介

子模型法称为切边约束或特殊边界约束法。切边也就是子模型从主模型上取下来时切开的边界。主模型在切边上计算出的位移作为子模型的边界条件。因此,主模型的网格较粗只是相对的,它应当使计算出的位移作为子模型的边界条件,计算结果在切边附近比较准确,这对于大面积的平面或形状规则的实体是很容易做到的。

子模型法是基于圣维南原理提出的,圣维南原理认为:物体表面某一部分上的外力,可用作用于同一部分上的静力等效力系来代替。这种代替,只会使外力作用区域附近的应力和应变有显著改变,但对较远处的影响可以忽略。这说明应力集中只对其附近的区域产生影响,当子模型的边界离应力集中区较远时,就可通过子模型得到比较准确的结果。

子模型法具有以下优点:①避免由细单元向粗单元过渡。②能够改变局部的结构,如不同的倒角、不同半径的圆角、过度圆等,不需要对整体模型重新计算,可以快速地使局部达到最合理的设计。③检验模型是否已足够细化,通过子模型的计算检验主模型的精度,以及通过对子模型采用不同的有限元网规划,对检验结构局部采用不同的单元网格计算精度。

2) 裂纹扩展分析软件 FRANC3D

FRANC3D(Francture Analysis Code for 3D)由康奈大学断裂力学工作组(CFG)研制,现在已经发展成为在全球学术和工业领域被广泛使用的软件,具有建模、应力分析、应力强度因子计算等功能,可以用来计算工程结构在任意复杂的几何形状、荷载条件和裂纹形态下的三维裂纹扩展和疲劳寿命。CFG 利用 FRANC3D 在断裂力学方面做了很多突破性工作,近年来,国内学者也开始利用 FRANC3D 对各种工程疲劳裂纹进行研究。

利用 FRANC3D 计算疲劳裂纹参数和寿命的操作流程如图 8-3 所示。主要包括如下几个步骤:①建立完整的有限元模型。分析人员使用有限元模型前,处理工具创建不含裂纹的网格模型,一般情况下,将裂纹扩展区域定义成子模型,以提高计算的速度。②引入裂纹。FRANC3D 读取子模型,使用图形化的裂纹引入向导或借助 Python 语言以编码方式引入初始裂纹,对子模型进行网格重新划分,然后,含有裂纹的子模型和剩余模型部分被重新整合。③执行有限元计算。带有初始裂纹的网格自动提交给有限元软件进行计算,如 ABAQUS、ANSYS、NASTRAN 等。④裂纹扩展预测。FRANC3D 自动读取应力分析结果,计算所有裂纹前缘节点的应力强度因子,进行裂纹扩展分析,更新裂纹前缘位置,重新划分子模型网格。⑤执行新的有限元计算。如果没有达到用户定义的分析结束条件,FRANC3D 将提交一个新的有限元分析模型。上述循环过程不断重复,直到达到用户定义的限制条件或破坏条件,如应力强度因子达到 K_{IC}。

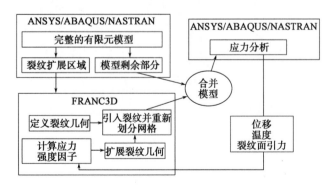

图 8-3 FRANC3D 操作流程

3)钢丝计算模型

实际钢丝表面蚀坑形貌复杂,研究蚀坑对钢丝力学性能影响时,需简化处理,一般是把裂纹前端简化成半圆形、椭圆形和直线形,椭圆形裂纹前端应力强度因子处于半圆形和直线形之间,所以本书的计算模型的选取如图 8-4 所示,图中 D 为钢丝直径,取值为 5mm;a 为半圆形或直线形表面裂纹深度。

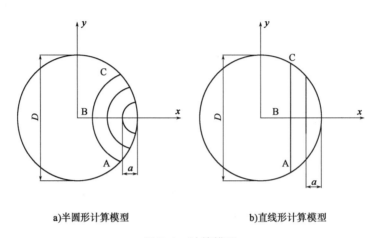

a)半圆形计算模型　　　　　　　　b)直线形计算模型

图 8-4　计算模型

数值计算中,利用有限元软件 ANSYS 建立模型,得到 FRANC3D 能够读写的模型数据,然后在 FRANC3D 模型中插入裂纹,划分模型网格,如图 8-5 所示,最后进行应力强度因子计算。单向拉伸应力为 1MPa,各向同性线弹性均质材料,弹性模量 $E = 2 \times 10^5 \text{MPa}$,泊松比 $\nu = 0.3$。

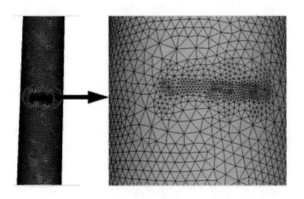

图 8-5　钢丝表面裂纹网格划分

4)带表面裂纹的钢丝应力强度因子

图 8-6 为 $a/D = 0.2$ 时,拉伸荷载作用下半圆形裂纹各点应力强度因子。图 8-7 为

$a/D=0.2$ 时,拉伸荷载作用下直线形裂纹各点应力强度因子。表面裂纹钢丝最上端为 A 点、裂纹中间位置为 B 点和裂纹最下端为 C 点。从图 8-6 和图 8-7 可以看出,虽然裂纹最深深度相等,但是由于裂纹形状不同,导致裂纹前端各点的应力强度因子形状和数值相差较大,半圆形裂纹前端各点应力强度因子从 A 点到 C 点,是先减小后增大,在 B 点达到最小值,最大值为 1.7467MPa·m$^{1/2}$,最小值为 1.2388MPa·m$^{1/2}$;而直线型裂纹前端各点应力强度因子从 A 点到 C 点,是先增大后减小,在 B 点达到最大值,最大值为 2.0633MPa·m$^{1/2}$,最小值为 1.0022MPa·m$^{1/2}$。

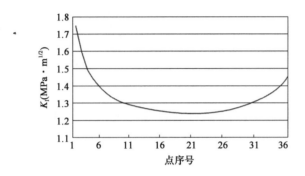

图 8-6　$a/D=0.2$ 时拉伸荷载作用下半圆形裂纹前端各点应力强度因子

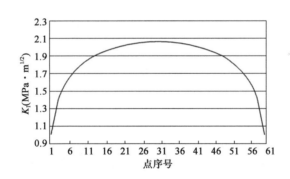

图 8-7　$a/D=0.2$ 时拉伸荷载作用下直线形裂纹前端各点应力强度因子

钢丝半圆形裂纹 A 点、B 点和 C 点应力强度因子如图 8-8 所示。从图 8-8 可以看出,应力强度因子随着 a/D 的增加而增加,A 点应力强度因子计算值与 C 点应力强度因子有一定差值,原因为:虽然几何模型完全对称,但是半圆形裂纹在进行模型网格划分时网格不是绝对对称。

钢丝直线形裂纹 A 点、B 点和 C 点应力强度因子如图 8-9 所示。从图 8-9 可以看出,直线形裂纹应力强度因子随着 a/D 的增加而增加,A 点应力强度因子与 C 点应力强度因子相差很小,说明直线形裂纹比半圆形裂纹网格划分较好,计算精度较高。

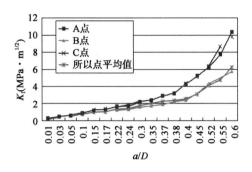

图 8-8　拉伸荷载作用下半圆形裂纹关键点应力强度因子

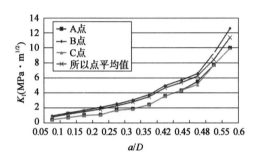

图 8-9　拉伸荷载作用下直线形裂纹关键点应力强度因子

本书计算得到的拉伸荷载作用下半圆形裂纹前端应力强度因子形状修正系数与已有文献研究结果比较如图 8-10 所示。从图 8-10 可以看出，本书计算结果与已有研究结果近似相差都较小。

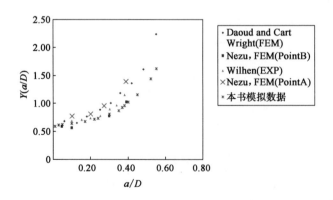

图 8-10　半圆形裂纹应力强度因子形状修正系数模拟结果与文献比较

本书计算得到的拉伸荷载作用下直线形裂纹前端应力强度因子形状修正系数与已有文献研究结果比较如图 8-11 所示。从图 8-11 可以看出，本文计算结果与已有研究结果近似相差都较小。

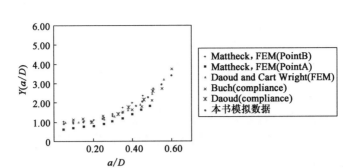

图 8-11 直线形裂纹应力强度因子形状修正系数模拟结果与文献比较

根据本书计算得到的结果,用幂函数进行应力强度因子形状修正系数 $Y(a/D)$ 公式拟合,式(8-10)为半圆形应力强度因子形状修正系数拟合公式,式(8-11)为直线形裂纹应力强度因子形状修正系数拟合公式,拟合系数分别为 0.998 和 0.999。

$$Y(\frac{a}{D}) = 0.605 - 0.164(\frac{a}{D}) + 5.121(\frac{a}{D})^2 - 14.23(\frac{a}{D})^3 + 21.09(\frac{a}{D})^4 \quad (8\text{-}10)$$

$$Y(\frac{a}{D}) = 0.829 + 1.842(\frac{a}{D}) - 10.04(\frac{a}{D})^2 + 36.06(\frac{a}{D})^3 - 20.74(\frac{a}{D})^4 \quad (8\text{-}11)$$

钢丝裂纹扩展过程中,前期倾向于半圆形裂纹,随着裂纹扩展,裂纹形状逐渐变成直线型裂纹,综合以上两种情况,假定 a/D 达到 0.2 之前按照半圆形裂纹扩展,而 a/D 达到 0.4 之后裂纹按照直线形裂纹扩展,中间利用幂函数过渡,图 8-12 中虚线为拉伸荷载作用下统一裂纹应力强度因子形状修正系数拟合曲线。

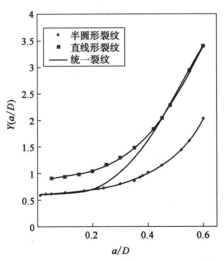

图 8-12 拉伸荷载作用下统一裂纹应力强度因子形状修正系数拟合曲线

拟合得到兼顾半圆形裂纹扩展和直线形裂纹扩展的应力强度因子形状修正系数公式,如式(8-12)所示,拟合系数为 0.999。

$$Y\left(\frac{a}{D}\right) = 0.587 + 1.133\left(\frac{a}{D}\right) - 13.45\left(\frac{a}{D}\right)^2 + 64.44\left(\frac{a}{D}\right)^3 - 53.63\left(\frac{a}{D}\right)^4$$

(8-12)

对于桥梁用高强钢丝应力强度因子形状修正系数,无论是本书拟合得到的式(8-12),还是利用已有研究成果拟合得到的形状修正系数数学表达式,在进行桥梁钢丝剩余强度和疲劳寿命评估时都存在一定误差。

对比其他研究结果分析表明:利用式(8-12)得到的形状修正系数与利用子模型法模拟得到的形状修正系数在 $a/D \leqslant 0.01$ 时,存在一定误差。但是当 $a/D \geqslant 0.01$ 以后,误差就比较小,说明利用式(8-12)进行承载力和疲劳寿命评估时,在蚀坑和裂纹初始阶段会造成一定误差,但是随着蚀坑或裂纹扩展,最终评估结果比较准确,对于承载力评估和整体寿命过程来说基本没有影响,这样处理可以使得评估结果能够保证结构安全。

综上所述,利用本书拟合公式进行损伤钢丝承载力评估和疲劳寿命评估时,在裂纹或蚀坑初始阶段会造成一定误差,但是当 $a/D \geqslant 0.01$ 之后,误差就会很小,从整个疲劳寿命过程来看,能够保证结构安全。

8.3 吊索钢丝腐蚀疲劳各阶段寿命计算

1)平行钢丝镀锌层腐蚀

镀锌层腐蚀是平行钢丝腐蚀疲劳破坏的第一阶段。利用金属腐蚀深度公式得到镀锌层腐蚀时间为:

$$t_{xc} = \sqrt[n]{\frac{C}{C_1}}$$

(8-13)

式中:C——镀锌层厚度;

C_1——镀锌层第一年的腐蚀深度;

n——与镀锌层及腐蚀环境有关的参数。

桥梁拉索、吊索用钢丝镀锌层的厚度根据国家标准规定,镀锌层平均质量不小于 300g/m^2,镀锌层的平均厚度为:

$$B = \frac{W}{\rho}$$

(8-14)

式中：W——钢丝镀锌层质量下限值，取值 $W=300\text{g}/\text{m}^2$；

ρ——锌的密度，取值为 $\rho=7.2\text{g}/\text{cm}^3$。

由式(8-14)可计算得到钢丝镀锌层的平均厚度 $B=41.7\times10^{-6}\text{m}$。有关文献提供了我国部分地区的镀锌层腐蚀参数 n 和 C_1 取值，见表8-1。

热浸镀锌在各地区的腐蚀速率参数　　　　表8-1

参数	青岛	武汉	江津	广州	琼海	万宁
n	1.179	0.712	1.088	0.945	0.990	0.659
C_1	1.689	0.836	1.762	0.913	0.690	1.340

当吊索钢丝厚度为 $41.7\mu\text{m}$，如果利用表8-1中最不利的参数取值——青岛地区的腐蚀参数计算吊索钢丝镀锌层腐蚀时间为15.2年。

以江阴大桥吊索为例，江阴大桥通车运营10年后，部分吊杆钢丝就出现腐蚀和断丝现象，运营单位对这些吊杆进行了更换，通过对吊索钢丝进行剖析，吊杆钢丝出现了白锈和红锈，并出现了断丝现象，对断丝断口进行分析，图8-13为江阴大桥钢丝断丝断口。虽然无法区分实际腐蚀疲劳持续时间，但是从腐蚀疲劳概念出发，我们有理由认为吊索钢丝镀锌层的腐蚀时间比较短。那么当桥梁运营环境比较恶劣时，如果利用表8-1所示参数进行吊索钢丝镀锌层腐蚀时间计算可能造成评估结果偏大，所以本书认为在利用式(8-13)计算吊索钢丝镀锌层腐蚀时间时，腐蚀参数取值应比表8-1保守。

图8-14为江阴大桥2012年更换得到的吊杆钢丝剖析图，从图中可以看出，在同一个横截面附近，所处环境基本相同，但是腐蚀程度相差很大，局部位置已出现红锈，说明钢丝由于镀锌工艺的影响，镀锌层厚度具有一定的不均匀性，局部位置镀锌层厚度较薄，在进行吊索钢丝腐蚀疲劳计算时应予以考虑。

图8-13　江阴大桥钢丝断口　　　　图8-14　江阴大桥更换吊杆剖析

基于上述分析,本书在进行吊索钢丝腐蚀疲劳寿命评估时,吊索钢丝镀锌层腐蚀时间保守取值为 5 年,钢丝局部位置镀锌层厚度取值为 25×10^{-6} m,当 n 取值为 1.3 时,C_1 为 3.1×10^{-6} m/a。

2) 平行钢丝基体蚀坑萌生

点蚀的发生可分为两个阶段:蚀孔形核(发生)和蚀孔生长(发展)。生成第一个或最初几个蚀点所需要的时间称为点蚀萌生期(或孕育期)。萌生期是从金属与溶液接触到点蚀开始的这段时间。萌生期阶段是一个亚稳态阶段,它包括亚稳孔形核-生长-亚稳孔转变为稳定蚀孔的过程。任何一个稳定蚀孔萌生前必然要经过亚稳阶段,稳定蚀孔的萌生是亚稳态小孔生长到一定程度的结果,亚稳孔在表面形核主要取决于表面活性点的几何形状:较窄、较深的活性点在较低电位下或低 Cl^- 浓度溶液中就能萌生出亚稳小孔,而较浅、开放度较大的活性点在较高电位下才能形成亚稳小孔。在不存在夹杂物的非晶态合金表面,亚稳小孔也能形核,形核率随电位升高而增大。

点蚀的萌生时间(τ)的长短取决于腐蚀介质中阴离子浓度、pH 值、金属的纯度和表面完整性、外加极化电位等因素,对于给定的金属而言,随着 Cl^- 浓度的增加或外加电位的升高,τ 减少。M. Janik-Czacholr 对金属蚀坑的萌生时间利用电化学方法进行了研究,发现低碳钢发生点蚀的孕育期的倒数与 Cl^- 浓度呈线性关系。即:

$$\frac{1}{\tau} = k[Cl^-] \tag{8-15}$$

式中:k——常数;

$[Cl^-]$——Cl^- 浓度,当 Cl^- 浓度小于某限值时不发生点蚀。

式(8-15)虽然在理论上具有一定的意义,但由于金属材料和腐蚀介质不同,具有很大的随机性,在实际工程中很难应用。

吊索钢丝基体材料为铁,在腐蚀介质中容易发生腐蚀,但缺乏必要的数据来确定点蚀萌生时间。本书在进行吊索钢丝腐蚀疲劳寿命评估时,钢丝点蚀萌生的时间保守取值为 200d。

3) 平行钢丝基体蚀坑扩展

蚀坑在暴露的自身粒子附近因局部电流腐蚀而形成,蚀坑扩展时,暴露的粒子相互作用而导致蚀坑扩展,聚集在阳极和阴极的粒子数量影响电化学腐蚀的速率,则蚀坑扩展速度为:

$$\frac{\mathrm{d}v}{\mathrm{d}t} = \frac{MI_{\mathrm{po}}(k)}{nF\rho} \mathrm{e}(-\frac{\Delta H}{RT}) \qquad (8\text{-}16)$$

式中：M——材料的分子量；

n——化合阶；

F——Faraday 常数；

ρ——密度；

ΔH——活化能；

R——通用气体常数；

T——绝对温度；

I_{po}——蚀坑电流系数，与集结粒子有关；

k——阴极集结粒子数。

蚀坑的几何形状相当复杂，为了简便且满足精度，可以近似地假设蚀坑为半椭球体，则：

$$V = \frac{2}{3}\pi ca^2 \qquad (8\text{-}17)$$

式中：a、c——椭球体的长轴和短轴的一半，其数值对蚀坑扩展模型比较重要。

有三种处理方法来表达 a 和 c 之间的关系：比值为常数，比值为离散值和比值为连续值。后两种方法太复杂而不能实现，所以采用第一种处理方法。其具体值和阴极集结离子数有关，其大小无法用精确表达式来表示。为了简化计算，取值为1，则蚀坑可简化为半球形：

$$V = \frac{2}{3}\pi c^3 \qquad (8\text{-}18)$$

利用 Faraday 公式，得到：

$$V = \frac{2}{3}\pi(c^3 - c_0^3) = \frac{MI_{\mathrm{po}}(k)}{nF\rho} \mathrm{e}(-\frac{\Delta H}{RT}) \qquad (8\text{-}19)$$

则蚀坑扩展时间为：

$$t_{\mathrm{kf}} = \frac{2nF\rho}{3MI_{\mathrm{po}}(k)}\pi(c_{ci}^3 - c_0^3)\mathrm{e}^{\frac{\Delta H}{RT}} \qquad (8\text{-}20)$$

式中：c_{ci}——转变为裂纹形成的临界蚀坑尺寸；

c_0——初始蚀坑尺寸。

c_0 和 I_{po} 的取值服从威布尔分布,在 0.95 置信度下取值分别为 1.5×10^{-6} m 和 80.79c/s。

从式(8-19)可以看出,桥梁运营环境温度对蚀坑扩展时间有一定的影响,当温度越高,蚀坑扩展速率越大;温度越低,蚀坑扩展速率越小。

在桥梁没有安装健康监测系统监测运营环境参数数据的情况下,可以通过查阅资料采用当地月平均数据。表 8-2 为我国部分城市的平均气温汇总表(根据相关文献获得)。

我国部分城市平均气温汇总表(单位:℃)　　　　　　　　　　　表 8-2

月份	1月	2月	3月	4月	5月	6月	7月	8月	9月	10月	11月	12月
北京	-4.3	-1.9	5.1	13.6	20	24.2	25.9	24.6	19.6	12.7	4.3	-2.2
青岛	-0.9	0.2	4.8	10.4	15.8	19.9	23.8	25.3	21.5	16.1	9	2
上海	3.7	4.6	8.5	14.2	19.2	23.4	27.8	27.7	23.6	18.3	12.4	6.1
厦门	13.2	13.8	16.2	20.4	24.2	26.5	28.2	28	26.5	23.3	19.3	15.1
香港	16.1	16.3	18.9	22.5	25.8	27.9	28.7	28.4	27.6	25.3	21.4	17.8

从表 8-2 可以看出,由于所处地理位置不同,各地区的月平均温度相差较大,必然导致不同地区索承式桥梁吊索钢丝腐蚀速率相差较大。本书在计算吊索钢丝基体腐蚀蚀坑扩展时间时,考虑到实际工程评估时的简便,采用年平均气温。

4)平行钢丝基体短裂纹扩展

短裂纹在腐蚀疲劳荷载作用下的扩展与金属材料的微观组织有很大关系。近年来的研究表明,短裂纹的扩展速率远远小于长裂纹的扩展速率,在较小应力强度下,短裂纹扩展速率远远小于长裂纹扩展速率,所以利用 Paris 公式作为短裂纹扩展模型存在一定的问题。虽然目前进行了大量的研究,但是仍然很难得到精确的短裂纹扩展速率模型,尤其是在腐蚀环境中。短裂纹扩展采用经验公式:

$$\frac{da}{dN}=C_{sc}(\Delta K)^{m_{sc}} \tag{8-21}$$

式中:C_{sc}——材料常数;
　　　m_{sc}——短裂纹扩展指数。

短裂纹应力强度因子可表达为:

$$\Delta K=Y\left(\frac{a}{D}\right)\Delta\sigma\sqrt{\pi a} \tag{8-22}$$

假定平行钢丝的裂纹开展与频率无关,则式(8-22)可表达为:

$$\frac{\mathrm{d}a}{\mathrm{d}N} = C_{\mathrm{sc}} \left[Y\left(\frac{a}{D}\right) \Delta\sigma \sqrt{\pi a} \right]^{m_{\mathrm{sc}}} \tag{8-23}$$

疲劳短裂纹应力强度因子形状修正系数 $Y(a/D)$ 的取值利用式(8-12),则钢丝裂纹扩展公式为:

$$\frac{\mathrm{d}a}{\mathrm{d}t} = C_{\mathrm{sc}} \left\{ \left[0.587 + 1.133\left(\frac{a}{D}\right) - 13.45\left(\frac{a}{D}\right)^2 + 64.44\left(\frac{a}{D}\right)^3 - 53.63\left(\frac{a}{D}\right)^4 \right] \Delta\sigma \sqrt{\pi a} \right\}^{m_{\mathrm{sc}}} f \tag{8-24}$$

式中:f——产生疲劳裂纹扩展的交通荷载频率。

利用数值积分可得到短裂纹发展到临界尺寸所需的时间。

5) 平行钢丝基体短裂纹临界尺寸

当短裂纹扩展速率和长裂纹扩展速率相等时,此时的裂纹尺寸就是短裂纹临界尺寸。工程中通常假设疲劳裂纹大于1mm时为宏观裂纹。对于钢丝疲劳裂纹,通常假定裂纹深度 a 与钢丝直径 D 的比值 a/D 小于 0.2 时为半圆形裂纹,a/D 大于 0.4 时为直线形裂纹。说明当 a/D 大于 0.2 后,钢丝裂纹前端应力强度因子变大,裂纹扩展速率也必然增加。本书在进行吊索钢丝腐蚀疲劳寿命评估时,基体短裂纹临界尺寸取值为 1mm。

6) 平行钢丝基体蚀坑临界尺寸

蚀坑损伤转化为腐蚀疲劳损伤的临界尺寸模型最早由 Kondo 提出,该模型认为在腐蚀疲劳早期,蚀坑腐蚀占主导地位,而当蚀坑发展到一定阶段,则由腐蚀疲劳占主导地位。在转化过程中,当蚀坑的等效应力强度因子达到疲劳裂纹扩展门槛值时,蚀坑向腐蚀疲劳裂纹转变。该阶段是蚀坑扩展向疲劳裂纹萌生转变,分析时可以用应力强度因子作为控制参数。疲劳裂纹的萌生由腐蚀蚀坑扩展和裂纹扩展竞争所决定,该过程可用两个判断准则来描述:①基于等效作用的蚀坑应力强度因子达到疲劳裂纹扩展的门槛值;②腐蚀疲劳裂纹扩展速率超过蚀坑扩展速率。即:

$$(\Delta K)_{\mathrm{pit}} \leqslant (\Delta K)_{\mathrm{th}} \quad \left(\frac{\mathrm{d}c}{\mathrm{d}t}\right)_{\mathrm{pit}} \leqslant \left(\frac{\mathrm{d}a}{\mathrm{d}t}\right)_{\mathrm{crack}} \tag{8-25}$$

计算评估钢丝腐蚀后的强度时,为了简化计算,引进蚀坑等效裂纹折减系数,把表面蚀坑等效为表面裂纹。蚀坑等效应力强度因子可表达为：

$$(\Delta K)_{\text{pit}} = Y\left(\frac{\zeta c}{D}\right)\sqrt{\zeta \pi c} \tag{8-26}$$

式中：c——蚀坑深度；

ζ——蚀坑等效裂纹折减系数，根据蚀坑与等效裂纹间的量化关系，ζ 取值范围为 0.775~0.803，本书为了保证结构安全，提高安全系数，取值为 0.85。

裂纹扩展公式为：

$$\frac{\mathrm{d}a}{\mathrm{d}t} = C_{\text{SC}}\left\{\left[0.587 + 1.133\left(\frac{\zeta c}{D}\right) - 13.45\left(\frac{\zeta c}{D}\right)^2 + 64.44\left(\frac{\zeta c}{D}\right)^3 - 53.63\left(\frac{\zeta c}{D}\right)^4\right]\Delta\sigma\sqrt{\zeta \pi c}\right\}f \tag{8-27}$$

蚀坑体积变化速率可表达为：

$$\frac{\mathrm{d}V}{\mathrm{d}t} = \mathrm{d}\left(\frac{2\pi}{3}c^3\right)\Big/\mathrm{d}t = 2\pi c^2 \frac{\mathrm{d}c}{\mathrm{d}t} = C_{\text{p}} \tag{8-28}$$

$$C_{\text{p}} = \frac{MI_{\text{po}}(k)}{nF\rho}\mathrm{e}^{\left(-\frac{\Delta H}{RT}\right)} \tag{8-29}$$

蚀坑扩展速率为：

$$\frac{\mathrm{d}c}{\mathrm{d}t} = \frac{C_{\text{p}}}{2\pi c^2} \tag{8-30}$$

当裂纹扩展与蚀坑扩展相等时，即可得到临界蚀坑尺寸。利用式(8-31)可计算得到蚀坑扩展时间。

$$\frac{\mathrm{d}a}{\mathrm{d}t} = C_{\text{lc}}(\Delta K)^{m_{\text{lc}}}f \tag{8-31}$$

式中：C_{lc}——长裂纹扩展材料常数；

m_{lc}——长裂纹扩展指数。

7) 平行钢丝基体长裂纹扩展

在长裂纹扩展阶段，利用 Paris 公式计算长裂纹扩展时间。

同样，利用式(8-12)疲劳长裂纹应力强度因子形状修正系数，则式(8-31)可表示为：

$$\frac{da}{dt} = C_{lc} \left\{ \left[0.587 + 1.133\left(\frac{a}{D}\right) - 13.45\left(\frac{a}{D}\right)^2 + \right.\right.$$

$$\left.\left. 64.44\left(\frac{a}{D}\right)^3 - 53.63\left(\frac{a}{D}\right)^4 \right] \Delta\sigma\sqrt{\pi a} \right\}^{m_{lc}} f \tag{8-32}$$

根据大量疲劳试件断口(图 8-15)分析可知,腐蚀疲劳破坏临界尺寸与钢丝直径的比值 a/D 取值大约在 0.4~0.6 之间。利用数值积分即可得到长裂纹扩展时间。

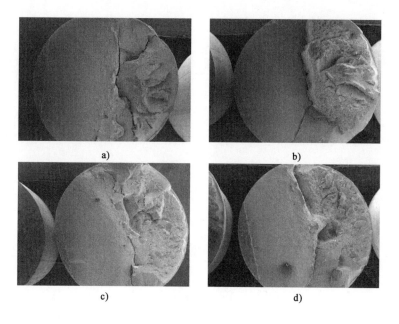

图 8-15 疲劳试验试件断口

8.4 大跨桥梁吊索腐蚀疲劳寿命分析

某大跨桥梁吊索高强钢丝镀锌层较薄处厚度为 25×10^{-6} m,第一年腐蚀量为 5×10^{-6} m,点蚀坑初始尺寸 c_0 为 1.5×10^{-6} m,蚀坑萌生时间 t_{km} 为 300d。锌层厚度密度 $\rho = 7.2 \times 10^3$ kg/m³,摩尔质量为 55.85×10^{-3} kg,原子价为 3,活化能 $\Delta H = 59.7 \times 10^3$ J/mol,法拉第常数 $F = 96514$ C/mol,通气系数 $R = 8.314$ J/mol·K,T 为绝对温度,$T = 273 + t$,t 为大桥常年平均气温。引起吊杆疲劳裂纹扩展的交通车辆每 1min 通过 1 辆,即频率 f 等于 0.0167Hz,长、短裂纹扩展系数 m_{sc}、m_{lc} 均为 3.3,钢丝长裂纹扩展常数 C_{lc} 和短裂纹扩展常数 C_{sc} 分别为 6×10^{-11} 和 9×10^{-11}。运营工况见表 8-3。

运营工况表　　　　　　　　　　　　　　　　　　　表8-3

工况序号	年平均温度(℃)	应力幅值(MPa)	腐蚀环境参数 n	蚀坑电流系数 I_{po}	临界裂纹深度(mm)
1	25	125	1.3	80.79	2.5
2	15	125	1.3	80.79	2.5
3	35	125	1.3	80.79	2.5
4	25	100	1.3	80.79	2.5
5	25	150	1.3	80.79	2.5
6	25	125	0.9	80.79	2.5
7	25	125	1.6	80.79	2.5
8	25	125	1.3	70.79	2.5
9	25	125	1.3	90.79	2.5
10	25	125	1.3	80.79	2.0
11	25	125	1.3	80.79	3.0

钢丝镀锌层腐蚀时间 t_{xc}、蚀坑萌生时间 t_{km}、蚀坑发展时间 t_{kf}、短裂纹扩展时间 t_{scf} 和长裂纹扩展时间 t_{lcf}，见表8-4。

各工况下各阶段扩展时间(单位:年)　　　　　　　　表8-4

工况序号	t_{xc}	t_{km}	t_{kf}	t_{scf}	t_{lcf}	t_f
1	5.11	0.55	3.3	10.76	0.28	20
2	5.11	0.55	3.87	13.01	0.28	22.82
3	5.11	0.55	2.8	9.01	0.28	17.75
4	5.11	0.55	6.11	18.82	0.58	31.17
5	5.11	0.55	2.01	6.77	0.15	14.59
6	10.55	0.55	3.3	10.76	0.28	25.44
7	3.76	0.55	3.3	10.76	0.28	18.65
8	5.11	0.55	3.49	11	0.28	20.43
9	5.11	0.55	3.17	10.54	0.28	19.65
10	5.11	0.55	3.3	10.76	0.24	19.97
11	5.11	0.55	3.3	10.76	0.29	20.01

从表8-4可以看出：

(1)在工况2、工况1和工况3作用时，年平均温度不同，其他参数不变。钢丝腐蚀疲劳总寿命最大为22.82年，最小为17.75年，由于年平均温度不同，蚀坑扩展时间和短裂纹扩展时间有一定差别，当年平均温度为15℃时，蚀坑扩展时间为3.87年，短裂纹扩展时间为 13.01 年;当年平均温度为 35℃时,蚀坑扩展时间为 2.8 年,短裂纹扩展时间为 9.01 年。说明由于年平均温度不同,导致蚀坑扩展速率有所变化,影响了蚀坑扩展临界尺寸,三种年平均温度的临界尺寸分别为 3.15×10^{-5}m、3.95×10^{-5}m 和 4.85×10^{-5}m,所以从蚀坑临界位置到短裂纹临界位置尺寸变小,从而导致短裂纹扩展时间也有所变化。

(2)在工况 4、工况 1 和工况 5 作用时,由于应力幅值不同,钢丝腐蚀疲劳总寿命最大为 31.17 年,最小为 15.59 年。由于应力幅不同,蚀坑扩展时间和短裂纹扩展时间有一定差别,当应力幅为 100MPa 时,蚀坑扩展时间为 6.11 年,短裂纹扩展时间为 18.82 年;当应力幅为 150MPa 时,蚀坑扩展时间为 2.01 年,短裂纹扩展时间为 6.77 年。说明由于应力幅值不同,导致短裂纹扩展速率有所变化,影响了蚀坑扩展临界尺寸,三种应力幅值的临界尺寸分别为 4.85×10^{-5}m、3.95×10^{-5}m 和 3.25×10^{-5}m,由于应力幅值变化较大,从而导致短裂纹扩展时间也有所变化,当应力幅值较小时短裂纹扩展时间增加较多。

(3)在工况 6、工况 1 和工况 7 作用时,由于腐蚀环境参数不同,导致镀锌层腐蚀时间相差很大,腐蚀环境参数为 0.9 时,镀锌层腐蚀时间需要 10.55 年,而腐蚀环境参数为 1.6 时,镀锌层腐蚀时间只需要 3.76 年,从而对于后面的腐蚀和腐蚀疲劳影响比较小。

(4)在工况 8、工况 1 和工况 9 作用时,钢丝蚀坑电流系数不同,其他参数不变。钢丝腐蚀疲劳总寿命最大为 20.43 年,最小为 19.65 年。由于蚀坑电流系数不同,蚀坑扩展时间和短裂纹扩展时间有一定差别,当蚀坑电流系数为 70.79 时,蚀坑扩展时间为 3.49 年,短裂纹扩展时间为 11 年;当蚀坑电流系数为 90.79 时,蚀坑扩展时间为 3.17 年,短裂纹扩展时间为 10.54 年。说明由于蚀坑电流系数不同,导致短裂纹扩展速率有所变化,影响了蚀坑扩展临界尺寸,三种蚀坑电流系数的临界尺寸分别为 3.85×10^{-5}m、3.95×10^{-5}m 和 4.05×10^{-5}m,但是对蚀坑扩展和短裂纹扩展时间影响不是太大。

(5)在工况 10、工况 1 和工况 11 作用时,临界裂纹长度不同,但是长裂纹扩展时间相差很小,临界裂纹长度为 2mm、2.5mm 和 3mm 时,长裂纹扩展时间为 0.24 年、0.28 年和 0.29 年,说明钢丝短裂纹一旦扩展到 1mm 左右,其疲劳裂纹扩展就变得很快,临界裂纹的大小对钢丝整体腐蚀疲劳寿命影响较小。在具体工程腐蚀疲劳寿命评估时,可简化计算,a/D 取值为 0.5,即临界裂纹深度为 2.5mm。

(6)在工况 1~工况 11 中,无论是何种运营工况,蚀坑萌生和长裂纹扩展时间所占腐蚀疲劳时间都比较短,说明吊索钢丝腐蚀疲劳主要由钢丝镀锌层腐蚀、蚀坑发展和短裂纹扩展等 3 个阶段组成,特别是短裂纹扩展时间比较长。

（7）在上述各运营工况作用下，由于运营环境温度、腐蚀环境和交通荷载不同，钢丝腐蚀疲劳寿命相差较大，所以为了准确评估吊索腐蚀疲劳寿命，需要掌握大桥的运营环境和交通荷载，从而更加精确疲劳评估各阶段疲劳寿命。

（8）在上述各运营工况作用下，吊索钢丝从镀锌层开始腐蚀到蚀坑转变为短裂纹扩展的平均时间为 9.44 年，从短裂纹扩展到断裂的平均时间为 11.44 年，腐蚀疲劳寿命平均值为 20.88 年。

从算例可以看出，如果吊索钢丝一旦发生腐蚀，吊索就会在很短时间内发生腐蚀疲劳，从而导致吊索疲劳寿命大大缩短。为了提高索承式桥梁吊索疲劳寿命和安全性能，工程界应该积极从多方面提高吊索的防腐能力，一方面从加强吊索防护工作入手，改进护套保护方法，研制新型护套材料，提高护套耐久性，增加护套在日晒、风雨等外界环境作用下的寿命，延缓雨水浸入护套内的时间，从而使腐蚀和腐蚀疲劳发生时间延后，达到延长吊索使用寿命的目的；另一方面从钢丝基体材料的防腐能力入手，改进钢材的冶炼工艺，提高吊索钢丝的防腐能力，延长吊索使用寿命。

第9章 大跨公路桥梁交通流模拟和吊杆应力时程

获取吊杆内力谱是对吊杆疲劳特性和可靠性进行分析的关键。目前,获取吊杆内力谱的方法主要有两种:现场实测法和计算机模拟法。实测法计算分析简单,结果可靠,但该方法需要现场布设测点采集数据,不仅耗时,而且设备和人工成本高,获取样本容量也通常有限。与之相反,模拟法耗时少,成本较低,样本容量不受限制。本章选择计算机模拟法获取吊杆应力谱。首先,对于大跨桥梁交通车流数据进行统计分析,然后,基于蒙特卡罗法原理编制随机车流生成程序,最终,将模拟交通车流加载到有限元模型获得大跨桥梁吊杆应力谱。

9.1 公路桥梁荷载谱研究

车流模拟的首要环节就是获取桥梁的车辆荷载谱。车辆荷载谱是指将设计基准期内桥梁结构所经历的实际运营荷载,按其大小及出现次数全面列出来,又被称为活荷载频值谱。关于荷载谱的研究,国外开始比较早并取得了突出的成果,个别国家已经在规范中有了明确的规定。

英国于1978年颁布了规范BS5400,该规范根据英国干线公路的运营概况指定了用于钢桥疲劳设计的车辆荷载频谱,规定了25种标准营运车重量、轴重及出现的频率谱,并规定重量小于30kN的运营车辆对疲劳的贡献很小,可忽略不计。

1990年欧共体授权欧洲规范化委员会(CEN)开始编制欧洲规范试行版本(ENV),1991年欧洲规范 Eurocode 1: Actions on Structures 中规定了适用于桥梁设计的五种疲劳荷载模型。其中,疲劳模型4规定了5种不同形式的标准疲劳货车,并给出货车轴重及出现的频率谱,货车频率值可以根据具体工程情况进行调整。与英国规范BS5400不同,欧洲规范在统计交通量时只计入总重大于100kN的货车。

从1967年开始,美国公路桥梁设计规范经历了多次修改,直到1990年美国公路桥梁设计规范AASHTO确立了疲劳车模型并且沿用至今。美国AASHTO规范规定疲劳设计时仅有一辆设计货车作用于桥,作用次数应采用单车道的货车日交通量,该频率应当作用于桥梁的全部构造。美国 AASHTO 规范较于前两者规范关于荷载谱的规定更为简化。

近年来,国外学者仍在继续荷载谱相关方面的研究,并取得了一定的研究成果。2003 年,Harry Cohen 等针对货车超载现象,通过研究过去和最新的车流交通资料,指出在超载情况下当前规范规定的疲劳卡车模型可能失效,并提供了一种货车疲劳荷载模型的更新方法,该方法不受车辆类型的限制。2006 年,Chotickai 和 Bowman 分析了 3 座桥梁的动态称重数据,并根据等效的疲劳损伤原理采用迭代方法获得了新的三轴和四轴疲劳车辆模型,该模型引入了损伤率使得模型更加精确。2012 年,Zhao 和 Tabatabai 对 600 多万的车辆数据采用了新的抽样方法,提出一个适用于桥梁设计和评估的五轴疲劳车辆模型。该模型的第一个轴距是可变的,变化范围为 $2.4 \sim 4.6 \text{m}$,3 个后轴间距均为 1.2m。

与国外不断成熟的荷载谱研究情况相反,我国对公路桥梁荷载谱的研究工作起步很晚。童乐为等分别在 1994 年 6 月和 1997 年 5 月两次对上海市内环线中山路 3 号钢桥进行了人工现场交通调查,根据日常营运车辆的轴数、重量、轴距和轮距等因素将车辆分成 V1 ~ V19 共 19 种类别并得到荷载频谱。为了使荷载谱更加具备实用性,依据等效的疲劳损伤原理,将其简化成由 6 类模型车辆组成的荷载频值谱。该项研究成果填补了我国公路及城市道路桥梁疲劳设计的车辆荷载谱研究领域的空白。后来,我国关于荷载谱的研究成果大都借鉴了童乐为等人的研究方法。

2008 年,张钰雕基于对天津市外环线程华里路段 24h 车辆荷载调查统计数据,得到了适用于响螺湾海河开启桥交通荷载频值谱。在此基础上提出了"标准车队",使 24h 内运营车辆简化为 259 队循环通过的"标准车队"。2011 年,黄星浩利用贵州某公路收费站的调查数据,根据神经网络理论对车重数据进行了拟合,得到以隐含层单元数分别为 3 和 4 并采用 BP 神经网络描述的车重随机变量模型。拟合后均方误差最小达到 2.3673×10^{-6},并对车型数据进行分类统计获取了车型的统计参数,进而建立了车辆荷载谱模型。2014 年,夏叶飞等基于沂河大桥的动态称重系统(WIM),将营运车辆按车轴类型简化为 9 类,并基于 Miner 法则和等效损伤原理,建立了新沂河大桥车辆疲劳荷载谱,同时对 9 类模型车各自的疲劳损伤贡献值进行了研究,研究结果表明,六轴车造成疲劳损伤的贡献度达到了 90% 以上。

9.2 大跨公路桥梁交通流统计分析

由前文介绍的荷载谱研究现状可知,国外的车辆荷载谱研究较为系统和完善,并且部分国家的规范已经有了明文规定,但是国外的交通状况与我国的交通状况存在较大差异,国外的荷载谱不宜直接套用。我国研究的荷载谱主要来源于对某城市或某特定桥梁的交通调查,有地域局限性,样本也较少,所获得的荷载谱不具备普适性。为了获得能适用于大桥疲劳分析的荷载谱,本书基于大桥交通监测系统的交通流资料和大桥管养单位的交通车辆统计数据,选取大桥在2013年3月至2013年6月4个月的双向交通流数据进行统计分析。

9.2.1 工程背景

润扬长江公路大桥连接镇江、扬州两市,是江苏省"四纵四横四联"公路主骨架和跨江公路通道规划的重要组成部分,北联同江至三亚国道主干线,南接上海至成都国道主干线,是江苏省高速公路网建设的重要组成部分。润扬长江大桥全长4.7km(不含两岸高架桥),按六车道高速公路特大桥等级设计,地震基本烈度为7度,设计速度为100km/h。其中作为本章工程背景的悬索桥为主跨1490m的单跨双铰简支箱梁桥。桥塔为多层门式框架钢筋混凝土结构,主缆采用预制平行钢丝股法,主梁为全焊接扁平流线型钢箱梁,正交异性板桥面。全桥概貌如图9-1所示。

图9-1 润扬长江大桥悬索桥概貌

9.2.2 车辆类型的调查与分布

交通荷载统计分析首先要对通行于桥梁上的车辆进行分类。大桥上通行车辆的种类繁多,需要根据一定的标准对车辆进行分类。为了便于后文模拟分析,将国内某大跨公路桥梁的货车样本数据根据车辆轴数进行分类,得到 6 种车型。车型分类时,本书参照英国 BS5400 规范,将二轴车以 3t 为界细分为两类,具体车型分类情况见表 9-1。

车型分类　　　　　　　　　　　　　　　　　　　　表 9-1

车型	轴数	备注
V1	2	车重 <3t
V2	2	车重 ≥3t
V3	3	
V4	4	
V5	5	
V6	≥6	

根据车流调查数据,对其进行分类统计,图 9-2 为国内某大跨公路桥梁货车车辆各类型所占比例,从图中可以看出,车型 V1 到车型 V4 这四类车型为总体样本中货车的主要车型,共占货车流量的 94.51%。车重大于 3t 的车辆,所占的比例随着轴数的增加逐渐降低。其中,车型 V2 即 3t 以上的二轴车所占比例高达 45.36%,其次为车型 V3 即三轴车占货车流量的 30.12%。

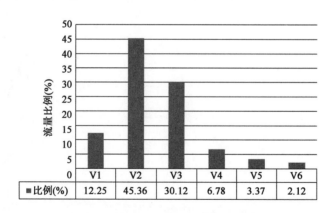

图 9-2　货车样本总体中各车型的流量比例

9.2.3　车重统计分析

很多荷载谱研究都是给出各车型的定值车重,但是这与实际车辆运行情况不符。各类车型的车重受到各种因素的影响,会出现空载、欠载、满载,甚至超载等多种状况,因此,车重在随机车流模拟中应该考虑为具有统计特性的随机变量,这样才能更好地反映实际运营过程中多变的车重状况。本书对润扬长江大桥 4 个月的车重数据做了系统统计,大桥的货车车重分布如图9-3所示,车重统计参数见表9-2。采用分布拟合检验方法中的 K-S 拟合检验法,对正态分布、对数正态分布和极大值Ⅰ型分布等分布类型进行拟合检验,检验结果表明极大值Ⅰ型分布的拟合效果最好。

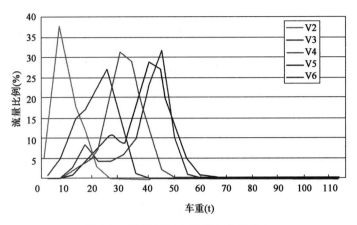

图 9-3　润扬长江大桥货车车重分布

润扬长江大桥车重统计参数　　　　　　　　表 9-2

车型代码	均值 μ(t)	方差 $\sigma^2(t^2)$
V1	2.22	0.39
V2	12.03	5.76
V3	23.33	10.12
V4	31.72	10.05
V5	36.43	13.37
V6	38.66	13.45

9.3　基于蒙特卡罗方法的大跨公路桥梁车流模拟

9.3.1　蒙特卡罗方法理论

1)蒙特卡罗方法基本原理

蒙特卡罗方法的基本原理为,首先构造一个概率空间,然后在该概率空间中确定一个依赖随机变量 x 的统计量 $g(x)$,其数学期望为:

$$E(g) = \int g(x)\mathrm{d}F(x) \tag{9-1}$$

正好等于所要求的 G,式中 $F(x)$ 为 x 的分布函数,然后产生随机变量的简单子样 $x_1,\cdots,x_N$,用其相应的统计量 $g(x_1),\cdots,g(x_n)$ 的算术平均值:

$$\hat{G}_N = \frac{1}{N}\sum_{i=1}^{N}g(x_i) \tag{9-2}$$

作为 G 的近似估计,这个统计量称为无偏估计量。很多时候如果确定估计量很困难或是出于其他目的,也可以用 G 的渐进无偏估计量替代无偏估计量 $\hat{G}_N$ 作为 G 的近似估计。

2) 蒙特卡罗随机抽样

蒙特卡罗方法首先要根据随机变量的概率分布,产生足够多的样本值(即随机数),这一过程称为对该随机变量的随机抽样。不同分布的随机变量对应不同的随机序列。就随机数的产生而言,最简单最基本的随机变量是单位均匀分布(也称为标准均匀分布)的随机变量 U,记作 $U \sim u(0,1)$。在不发生混淆时,也把 U 的随机数 u 简称为随机数。在计算机中,$U \sim u(0,1)$ 分布是其他分布的基础,即服从其他分布的随机变量的随机数都可以用满足 $U \sim u(0,1)$ 分布的随机数变换得到。

将 $(0,1)$ 上的均匀分布随机数变换为服从其他概率分布的随机数,是随机抽样最重要的环节。通常采用的数学方法有逆变换法、舍选法和近似抽样法。下面简单介绍这三种方法:

(1) 逆变换抽样法。

由概率论中的定理可知,若随机变量 X 的累积分布函数为 $F_X(x)$,则随机变量 $U = F_X(x) \sim u(0,1)$。据此,首先生成 $(0,1)$ 均匀分布的随机数 u,对连续型随机变量 X,只要随机变量的分布函数 $F_X(x)$ 连续单调递增且反函数 $F_X^{-1}(x)$ 存在,则计算 $x = F_X^{-1}(u)$,x 即为来自分布 $F_X(x)$ 的随机数。同理,对离散型随机变量 X,其概率分布可表示为 $P(x = x_i) = p_i(i = 1,2,\cdots)$,$F_X(x) = \sum_{x_i \leq x}p_i$,则用数值搜索找出最接近 u 的 $F_X(x)$,$u \leq F_X(x_1)$ 或 $F_X(x_{i-1}) \leq u \leq F_X(x_i)$ 成立,则 x_i 为 X 的随机数。逆变换在计算机上实现过程较为简单,是随机抽样最常用的方法。

(2) 舍选抽样法。

该方法适用于分布函数或者其反函数很难用解析式表达,或者能给出分布函数的反函数但是反函数的计算量很大的情况。舍选法顾名思义就是按一定的条件选择或舍弃 $(0,1)$ 上的均匀分布随机数,从而获得符合需求的随机数 x。举个简单的例子,设变量 X

为区间$[a,b]$上的随机变量,其概率密度函数为$f_X(x)$,$f_X(x)$有上界$f_0 = \sup\limits_{a \leqslant x \leqslant b} f_x(x)$。取$(0,1)$上的两个均匀分布随机数$u_1$和$u_2$,如果有条件$f_0 \cdot u_2 = f[(b-a)\ u_1 + a]$成立,那么$x = (b-a)\ u_1 + a$就可选作$X$的一个随机数。

(3) 近似抽样法。

该方法有三种形式:第一种形式,确定已知密度函数$f_X(x)$的某一近似分布$f_a(x) \approx f_X(x)$,对近似分布$f_a(x)$抽样,用近似分布的简单子样替代原分布的子样;第二种形式,用分布函数的反函数$F_X^{-1}(x)$的近似值替代$x = F_X^{-1}(u)$,该方法与第一种方法类似,所不同的是第二种形式更为灵活,可以采用各种近似计算方法;第三种形式,根据概率统计学理论,在渐进分布$f_n(x)$为已知的情况下,当N足够大时,用渐进分布$f_n(x)$的简单子样作为原分布$f(x)$的简单子样,该方法不要求给出$f_n(x)$的具体形式。

9.3.2 交通流数学概率模型

车流的随机特性主要体现在车型、车重和车间距等车辆参数上。因此,本书为了实现随机车流的计算机模拟,采用蒙特卡罗的理论方法,通过实现车型、车重和车间距的随机抽样,建立交通流的数学模型。下面给出各个参数的抽样过程:

1) 车型

目前研究认为,公路桥梁交通车型服从均匀分布,同时,各车型的随机抽样值应当满足一定的比例关系。为了生成符合大桥车型比例的随机数,在生成车型抽样值时采用轮盘赌选择算法。具体做法是首先按照车辆比例(比例见图9-1)将区间$(0,1)$划分成若干区段,利用计算机程序产生$(0,1)$上的均匀分布随机数,然后将各区段均匀分布的随机数作为车型的随机变量抽样值,按照对应关系赋予车辆类型代码。

2) 车重

根据本书的统计和检验结果,可以认为车重随机过程服从极大值Ⅰ型分布。极大值Ⅰ型分布的分布函数为:

$$F(x) = \mathrm{e}^{\left[-\mathrm{e}^{-\frac{(x-\beta)}{\alpha}}\right]} \tag{9-3}$$

其中,参数可以通过极大值Ⅰ型分布的数字特征公式:

$$\begin{cases} \mu_x = 0.57722\alpha + \beta \\ \sigma_x^2 = 1.28225\alpha \end{cases} \tag{9-4}$$

求解。均值 μ_x 和方差 σ_x^2 可查表 9-2 获得。

根据逆变换法,由式(9-3)可得服从极大值 I 型分布的车重随机抽样值 x：

$$x = F_X^{-1}(u) = \alpha \ln \left[\ln(1/u) \right]^{-1} + \beta \tag{9-5}$$

式中：u——$(0,1)$ 上的均匀分布的随机数。

3) 车间距

目前有关车间距分布类型的研究主要有三种：对数正态分布、复合 Poisson 分布、伽马分布。多数车流模拟的研究采用对数正态分布,本书假定桥梁运营车辆间距服从对数正态分布。对数正态分布的密度函数如下：

$$f(x) = \begin{cases} 0 & , x \leq 0 \\ \dfrac{1}{\sqrt{2\pi}\sigma x} e^{-\frac{1}{2}\left(\frac{\ln x - \mu}{\sigma}\right)^2} & , x > 0 \end{cases} \tag{9-6}$$

式中：μ,σ——变量 $\ln X$ 对应的正态分布的均值和标准差。

由对数正态分布的密度函数可以看出,其累计分布函数的解析表达式无法获得,因此,不能直接采用逆变换法进行抽样。为了实现对数正态函数的抽样,需要分成两个步骤：首先完成对正态分布变量 Y 一次抽样($Y = \ln X$),然后令 $X = e^{-Y}$。

正态分布抽样同样不能直接用逆变换法,正态分布抽样可以采用的方法有乘分布舍选法、复合抽样法和近似抽样法等。如果采用乘分布舍选法和复合抽样法,抽样效率较低(均不大于 0.8)且运算量太大,因此,本书采用近似抽样法实现正态分布的抽样。其主要抽样过程如下：

首先,对标准正态分布进行有理逼近近似抽样：

$$f(x) = \sqrt{\frac{1}{2\pi}} e^{\left(-\frac{x^2}{2}\right)}, t = u - 0.5, x = \sqrt{-2\ln|t|} \tag{9-7}$$

$$X_f = \text{sign}(t)\left(x - \frac{a_0 + a_1 x + a_2 x^2}{1 + b_1 x + b_2 x^2 + b_3 x^3}\right) \tag{9-8}$$

其中,$a_0 = 2.515517, a_1 = 0.802853, a_2 = 0.0102328, b_1 = 1.43288, b_2 = 0.189269, b_3 = 0.001308$,采用该方法进行抽样,误差小于 10^{-4}。

然后,根据正态分布函数的性质,$X_f = (Y - \mu)/\sigma$ 服从标准正态分布,则任意正态分布随机数 $Y = X_f \sigma + \mu$。

最后,令 $X = e^{-Y}$,即可得到车间距满足对数正态分布的随机数。车间距的均值和方差分别采用 4.828m 和 1.245m²。

9.3.3 结构有限元模型

桥梁有限元模型可采用鱼骨梁模型、格子梁模型、板梁组合模型和实体模型等。鱼骨梁模型将主梁抽象为一根鱼骨带刚臂的直梁,模型节点数少,概念明确,计算方便;格子梁模型可以较好地反映箱梁的竖向、横向抗弯性能,但抗扭特征很难模拟;板梁组合模型通常用于模拟桥梁局部构件的动力响应,如桥面板、横梁等,或者考虑车道位置偏离桥面轴线的特殊情况;实体模型计算难度大,较少采用。

本书基于 ANSYS 软件,建立润扬长江大桥悬索桥鱼骨梁有限元模型(图 9-4)。该模型使用了 ANSYS 软件中提供的 BEAM4 和 LINK10 两种单元。BEAM4 是具有承受拉力、压力、扭矩及弯矩能力的三维弹性梁单元,该单元具有应力刚化和大变形能力。LINK10 为仅受拉或仅受拉的三维杆单元,具有双线性刚度矩阵的特点。

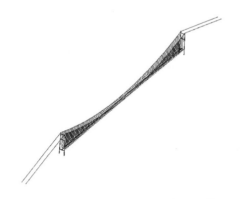

图 9-4 润扬长江大桥悬索桥有限元模型

9.3.4 基于 MATLAB 的大桥随机车流程序

MATLAB 是一个集成的开发环境,用户可以进行数值计算、实现算法、数据分析、绘制函数和绘制数据等工作。与其他计算机高级语言软件相比,MATLAB 有许多优点:①MATLAB 是解释性语言,变量无须定义可直接使用,而且允许以数学形式的语言描述表达式;②基于 C 语言开发,对于有编程基础的用户更易于掌握;③MATLAB 平台可移植性很强,支持很多平台如 Windos98/2000、Unix 等,故编译代码无须转换就可更改平台;④MATLAB 不仅提供了庞大的预定函数库和专用工具箱,而且用户亦可以自定义函数和工具箱,便于用户针对特定问题的扩展开发;⑤MATLAB 与其他语言(如 C、FORTRAN 等)有良好的对接性,可以与 C 语言进行混编提高执行速度；⑥MALAB 图形处理能力卓越，可以使用简单代码完成复杂的二维和多维图形的绘制工作，它还为用户开发图形界面提供了一个高效的集成环境——GUIDE，用户可以使用 GUIDE 提供的各种控件完成图形界面的开发，十分便利。

本书利用 MATLAB 强大的编写能力和矩阵运算功能，对随机车流生成程序进行编制。同时，为了能够反复使用且方便操作，利用 MATLAB 的 GUIDE 功能，将随机车流生成程序做成拥有简洁界面形式的可视化程序，如图 9-5 所示。

图 9-5　车流程序界面图

随机车流的 MATLAB 编程的具体过程为：①利用 rand 函数生成(0,1)均匀分布随机数，根据荷载谱的比率确定车型代码；②由车型代码确定对应车型的车重，然后通过逆变换方法将(0,1)均匀分布随机数转为极大值 I 型随机数，获得车重随机数列；③将(0,1)均匀分布随机数通过分步变换的方法转化为对数正态分布随机数，从而获得车间距随机数列；④将以上各种数据样本整合变换，获得车流的数据文件；⑤以 txt 格式保存并输出文件结果。随机车流编制流程示意图如图 9-6 所示。

利用 MATLAB 编制的随机车流仿真程序具有良好的可视性，车流数据以文本文件格式保存输出。该格式的文件可以通过大型分析软件 ANSYS 接口被 ANSYS 程序读取，便于后期的计算分析。

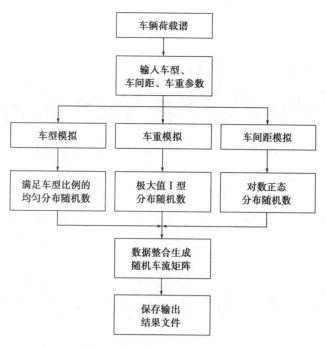

图 9-6　随机车流编制流程示意图

9.4　吊杆应力时程分析

疲劳分析的一个重要步骤就是获得结构或构件的疲劳应力谱。为了评定车辆荷载引起的应力效应,需要利用统计学手段从吊杆应力时程数据中得到吊杆的疲劳应力谱。目前,用于获取疲劳应力谱的主要统计方法有雨流计数法、功率谱法、变程对均值法、四峰谷法等。其中,功率谱法、变程对均值法和四峰谷法的使用限制条件较为苛刻,利用数学方法实现的难度较大。而雨流计数法的本质是对构件经历的应力-应变迟滞回线进行循环计数,有更加可靠的力学基础,因此,雨流计数法是目前在疲劳分析中经常采用的疲劳计数法,计算结果的准确性被国内外学者认可。本书选择雨流计数法处理吊杆的应力时程。

润扬长江大桥为双向六车道,假定桥梁两个行驶方向的交通流量比为 1∶1 且行驶在桥梁上的车辆直行,无超车现象。根据交通流量统计参数,利用随机车流仿真程序生成一天的双向四车道货车车流。将模拟产生的随机车流处理成集中荷载矩阵,通过 ANSYS 参数化设计语言 APDL 编程加载到大桥有限元模型上完成车流过桥这一动态过程,采用瞬态分析计算,得到吊杆的内力历程。考虑到结构的对称性,本书给出几个关键吊杆部分时间段的内力历程图,如图 9-7~图 9-10 所示。

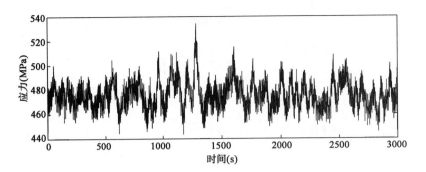

图 9-7　$L/8$ 处吊杆应力时程

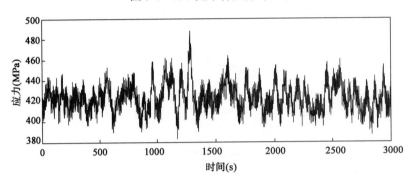

图 9-8　$L/4$ 处吊杆应力时程

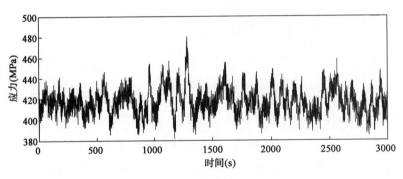

图 9-9　$3L/4$ 处吊杆应力时程

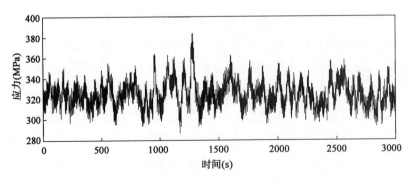

图 9-10　跨中吊杆应力时程

图 9-11～图 9-14 给出了根据吊杆应力时程,经过雨流计数法计数后得到的吊杆二维疲劳应力谱。

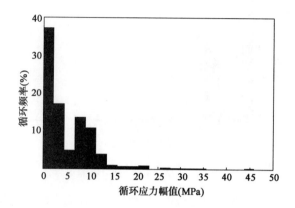

图 9-11　$L/8$ 处吊杆应力幅频谱

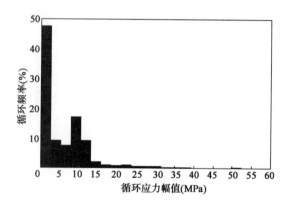

图 9-12　$L/4$ 处吊杆应力幅频谱

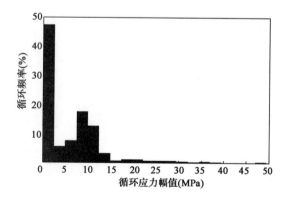

图 9-13　$3L/4$ 处吊杆应力幅频谱

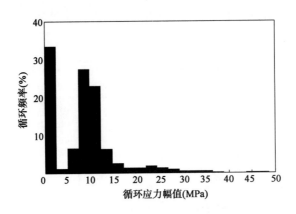

图 9-14　$L/2$ 处吊杆应力幅频谱

表 9-3 给出了部分吊杆在模拟加载中应力时程经雨流计数法处理后应力循环总数。从表 9-3 可以看到,在车辆荷载条件相同的条件下,不同吊杆的疲劳循环次数并不相同。吊杆的位置和布置形式对其疲劳性能有着重要影响。

部分吊杆应力循环次数　　　　表 9-3

吊杆位置	$L/8$	$L/4$	$3L/4$	$L/2$
应力循环总数(次)	6132	5788	5282	4370

第10章 吊杆疲劳可靠度分析

目前,针对大跨桥梁吊杆静力强度和承载力可靠性的研究较多。而大跨桥梁在实际运营过程中,要承受车辆、风和温度变化,甚至地震等随机荷载作用,静力强度不是导致吊杆破断等病害的主要原因。由于随机荷载作用,吊杆实际承受的是交变荷载作用,吊杆失效(破坏)主要是由于疲劳作用引起的,其疲劳破坏应力也远低于静力强度值。

本章在前述交通荷载作用下大桥吊杆疲劳荷载谱、应力谱分析的基础上,进一步进行了大桥吊杆可靠性的评估分析。

10.1 结构可靠度理论

10.1.1 结构可靠度

我国结构设计规范中将结构可靠性定义为结构物(构件或系统)在规定的时间内、规定的条件下,完成预定功能的能力。换言之,即结构在设计基准期内,满足安全性、适用性和耐久性,结构就具备了足够的可靠性。结构可靠性的概率度量即为可靠度,是指在规定的时间与规定的条件下完成预定功能的概率。

结构可靠度定义中的规定时间是指在结构使用期对结构进行可靠性分析时,考虑各种变量与时间的关系所采用的基准时间,可认为是结构的设计基准期。规定的条件是指在结构设计时规定的结构各种施工和使用条件。预定功能则是指结构设计的四项要求,包括:施工和使用过程中结构能够承受可能出现的各种作用;正常使用过程中结构具有良好的工作性能;结构有良好的耐久性;发生设计允许的偶然事件后结构能保持整体稳定性。

结构完成各项功能的能力可以用相对应的极限状态衡量。结构整体或某部分超过某一特定的状态,结构就不再满足设计规定的某一功能要求,此特定状态即为结构的极限状态。

10.1.2 可靠度的极限状态方程

结构的极限状态是结构可靠与否的临界状态,是结构可靠度分析设计的判断依据。我国的结构设计规范将结构的极限状态分为两类:承载能力极限状态和正常使用极限状态。承载能力极限状态对应于结构或构件能否达到最大承载力或达到不适于继续承载的变形。正常使用极限状态对应于结构或构件达到正常使用和耐久性的规定值。以上两种状态在结构设计中通常根据承载能力极限状态设计,再通过正常使用极限状态进行校核,保证结构的可靠性。

根据结构的功能要求和相应的极限状态,可以建立结构的功能函数或是极限状态方程。设 $X = (X_1, X_2, \cdots X_n)^T$ 是影响结构功能的 n 个基本变量,X 可以为荷载效应、材料物理力学参数、结构,或是构件几何尺寸、施工质量、计算模式等随机因素。结构的功能函数定义如式(10-1):

$$Z = g(X) = g(X_1, X_2, \cdots, X_n) \tag{10-1}$$

当 $Z > 0$,结构处于可靠状态;$Z < 0$,结构处于失效状态;$Z = 0$,结构处于临界状态,也就是极限状态。变量 Z 代表了结构某一功能的安全裕度。功能函数 $g(X)$ 形式多样,即使表达同一功能的功能函数也并不唯一。特别方程:

$$Z = g(X) = g(X_1, X_2, \cdots, X_n) = 0 \tag{10-2}$$

称为结构的极限状态方程。该方程的意义为 n 维基本随机变量控件中的 $(n-1)$ 维超曲面,该曲面即为极限状态面或者称为失效面。

10.1.3 结构的可靠概率和失效概率

结构功能函数出现大于 $0(Z>0)$,结构完成预定功能的概率称之为结构的可靠概率,用 P_r 表示;反之,结构功能函数出现小于 $0(Z<0)$,结构不能完成预定功能的概率称之为结构的失效概率,用 P_f 表示。结构或者构件的可靠和失效两个事件互不相容,它们的和为必然事件,由概率论可知二者满足方程:

$$P_r + P_f = 1 \tag{10-3}$$

P_r 和 P_f 两者均可以用来表示可靠度,无论计算结构或者构件的可靠概率还是失效概率,在工作任务上是等效的,通常根据表达式和计算的简易程度来选择使用 P_r 还是 P_f。

结构或者构件的可靠度分析本质上就是分析处理结构或者构件上的随机信息,然后根据概率理论确定其可靠概率或失效概率。假设结构或者构件的功能函数如式(10-1)为已知,功能函数 Z 的概率密度函数为 f_z,则可靠度 P_r 可以通过对随机变量的联合密度函数求解多维积分获得:

$$p_r = P_r(Z > 0) = \iint\limits_{Z>0} \cdots \int f_x(x_1, x_2, \cdots x_n) \mathrm{d}x_1 \mathrm{d}x_2 \cdots \mathrm{d}x_n \qquad (10\text{-}4)$$

类似地,结构的失效概率 P_f 可以表示为:

$$p_f = P_f(Z < 0) = \iint\limits_{Z<0} \cdots \int f_x(x_1, x_2, \cdots x_n) \mathrm{d}x_1 \mathrm{d}x_2 \cdots \mathrm{d}x_n \qquad (10\text{-}5)$$

10.1.4 结构的可靠指标

一般而言,结构功能函数 $Z = g(X)$ 表达较为复杂,基本随机变量 $X = (X_1, X_2, \cdots X_n)^T$ 的联合概率密度 f_z 很难计算得到,而且计算多重积分也比较困难。因此,通常不用直接积分的方法来计算失效概率,而是采用近似方法计算。首先,求得与失效概率 P_f 存在对应关系的可靠度指标,然后根据可靠度指标求解相应的失效概率,经实践证明采用该方法计算具有足够的精度。

为了方便说明可靠度指标,假设功能函数 Z 服从正态分布,即 $Z \sim N(\mu_Z, \sigma_Z)$,其中 μ_Z 为均值,σ_Z 为标准差。相应的 Z 的概率密度函数可以表示为:

$$f_Z(z) = \frac{1}{\sqrt{2\pi}\sigma_Z} \mathrm{e}\left[-\frac{(z-\mu_Z)^2}{2\sigma_Z^2}\right] \quad (-\infty < z < \infty) \qquad (10\text{-}6)$$

其分布曲线如图 10-1 所示。

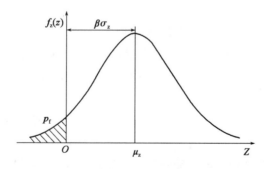

图 10-1 失效概率和可靠度指标关系示意图

失效概率 P_f 为曲线下阴影部分的面积。将该分布函数 $Z \sim N(\mu_Z, \sigma_Z)$ 通过公式 $T = (Z - \mu_Z)/\sigma_Z$ 变换成标准正态分布 $T \sim N(0, 1)$,由式(10-5)和式(10-6)可得:

$$P_f = \int_{-\infty}^{0} f_Z(z)dz = \int_{-\infty}^{-\frac{\mu_Z}{\sigma_Z}} \frac{1}{\sqrt{2\pi}} e^{(-\frac{t^2}{2})} dt = 1 - \Phi(\frac{\mu_Z}{\sigma_Z}) = \Phi(-\frac{\mu_Z}{\sigma_Z}) \qquad (10\text{-}7)$$

令 $\beta = \mu_Z/\sigma_Z$，式(10-7)可写成：

$$P_f = \Phi(-\beta) \qquad (10\text{-}8)$$

利用式(10-8)还可以导出 β 与可靠度 P_r 的关系式：

$$P_r = 1 - P_f = \Phi(\beta) \qquad (10\text{-}9)$$

β 是一个无量纲的量，β 与失效概率 P_f 和可靠度 P_r 存在对应关系，且 β 越大，如图10-1所示的阴影面积则越小，失效概率 P_f 越小，可靠概率 P_r 越大。因而，结构可靠性可以使用 β 描述和度量，β 被称为结构的可靠指标。

如果功能函数 $Z = g(X) = R - S$，R 代表综合抗力，S 代表综合作用效应。再次假设 $R \sim N(\mu_R, \sigma_R)$，$S \sim N(\mu_S, \sigma_S)$，由概率论可知 Z 也服从正态分布且 $\mu_Z = \mu_R - \mu_S$，$\sigma_Z^2 = \sigma_R^2 + \sigma_S^2$，按照式(10-9)可得：

$$\beta = \frac{\mu_R - \mu_S}{\sqrt{\sigma_R^2 + \sigma_S^2}} \qquad (10\text{-}10)$$

需要说明的是，当功能函数 Z 不服从正态分布时，式(10-9)和(10-10)计算得到的可靠指标 β 精确度降低。但是，当 P_f 取值在区间(0.001~3.0902)范围时，功能函数 Z 的分布形式对 P_f 的影响减弱，因而在工程实际使用中可以不考虑实际的分布类型。

10.1.5 可靠度计算方法

对于服从任意分布且形式不同的功能函数，由于大部分概率积分没有闭合解，故采用概率积分的方法求解结构的可靠度是有困难的，此时需要采用可靠度近似的计算方法进行求解。目前，计算结构可靠度的方法有很多种，如一次二阶矩法、蒙特卡罗法、梯度优化法、渐进积分法和响应面法等。结合本书的研究内容，在此重点介绍结构可靠度计算中最常用的三种方计算方法。

1) 一次二阶矩法

一次二阶矩法是将非线性的功能函数在某个点进行泰勒级数展开至一次项，然后在此基础上按照可靠指标的定义求解新的功能函数方程。该方法根据泰勒级数展开所选点的不同又可以分为中心点法和验算点法，前者选在平均值处级数展开，后者选择在验算点展开。一次二阶矩的中心点法不考虑变量的实际分布，实践证明中心点法在处理非线性功能返程方面误差较大，可靠指标计算结果与实际情况出入很大，不宜采用。针对中心点法存在的缺点,提出了改进一次二阶矩法,又称为设计验算点法。

设计验算点法又包括基本验算点法、JC 法、实用分析法和映射点法等,其中 JC 法可以处理任意概率分布的随机变量,且原理通俗易懂,计算结果具有较高的精度,因此在工程上应用最为广泛。JC 法计算可靠度的主要过程如下:

运用 JC 法首先要将基本变量中的非正态随机变量当量正态化。非正态随机变量当量正态化要满足两个条件,在验算点 x_i^* 处非正态分布变量 X' 和相应的当量正态化变量 X_i' 的累积分布函数和概率密度函数分别对应相等(图 10-2),即满足下列方程:

$$F_{X_i}(x_i^*) = \Phi\left(\frac{x_i^* - \mu_{X_i'}}{\sigma_{X_i'}}\right) = F_{X_i}(x_i^*) \tag{10-11}$$

$$f_{X_i}(x_i^*) = \frac{1}{\sigma_{X_i'}}\varphi\left(\frac{x_i^* - \mu_{X_i'}}{\sigma_{X_i'}}\right) = f_{X_i}(x_i^*) \tag{10-12}$$

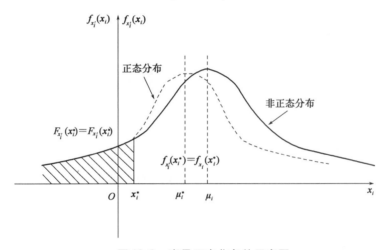

图 10-2 当量正态化条件示意图

根据当量正态化条件,对式(10-11)和(10-12)分别求其反函数,可得当量正态化变量的均值和标准差:

$$\mu_{X_i'} = x_i^* - \Phi^{-1}[F_{X_i}(x_i^*)]\sigma_{X_i'} \tag{10-13}$$

$$\sigma_{X_i'} = \frac{\varphi\{\Phi^{-1}[F_{X_i}(x_i^*)]\}}{f_{X_i}(x_i^*)} \tag{10-14}$$

当变量为正态分布时,无须做当量正态化处理,直接采用该变量的平均值和标准差。结合可靠指标的定义可得计算公式:

$$\beta = \frac{\mu_Z}{\sigma_Z} = \frac{g(x_1^*, x_2^*, x_3^*, \cdots, x_n^*) + \sum_{i=1}^{n}\frac{\partial g}{\partial X_i}\big|_P(\mu_{X_i'} - x_i^*)}{\sqrt{\sum_{i=1}^{n}\left(\frac{\partial g}{\partial X_i}\big|_P \sigma_{X_i'}\right)^2}} \tag{10-15}$$

设计验算点不能事先确定，无法直接使用式(10-13)和式(10-14)。实际使用中，通常采用适合电算编程的迭代法计算。计算步骤如下：

(1) 假定初始验算点 x_0^*，通常采用均值，令 $x_i^* = \mu_{X_i}(x_i = 1, 2, \cdots, n)$。

(2) 利用式(10-13)和式(10-14)对非正态随机变量求解 $\mu_{X_i'}$ 和 $\sigma_{X_i'}$，并令 $\mu_{x_i} = \mu_{X_i'}$、$\sigma_{X_i'} = \sigma_{X_i}$ 完成替换。

(3) 计算 $\alpha_{X_i} = \cos\theta_{X_i'} = -\frac{\partial g}{\partial X_i}|_P \sigma_{X_i'} / \sqrt{\sum_{j=1}^{n}(\frac{\partial g}{\partial X_j}|_P \sigma_{X_j'})^2}$ $(i = 1, 2, 3, \cdots, n)$，利用式(10-15)计算得到可靠指标 β。

(4) 令 $x_i^* = \mu_{X_i'} + \alpha_{X_i}\sigma_{X_i'}\beta(i = 1,2,3,)$ 获取新的验算点。

使用新的验算点重复步骤(2)~(4)，直到前后两次的验算点的差值达到允许范围为止。

2) 响应面法

由于实际工程中大型结构非常复杂，在进行可靠度分析时，不能给出功能函数的明确表达式。如考虑某一结构的承载能力时，对结构各构件的刚度、材料性能等都不能用一个简单的公式明确表达。响应面法是进行非常复杂结构可靠性计算的方法之一。

响应面法是一种基于试验理论设计的近似方法，基本思想是用一个相对简单的显式功能函数来代替复杂的隐式极限状态方程，通过迭代来实现响应面函数的失效概率高度近似于隐式功能函数的失效概率。

响应面法求解失效概率时，最关键的问题是选择形式简单的功能函数以减少工作量，同时保证功能函数对取样点拟合效果好。通常选用基本随机变量的多项式形式。为了进一步简化，也可去掉多项式的交叉项，采用不含交叉项的二次多项式函数作为响应面函数。

$$Z = g(X) = a + \sum_{i=1}^{n} b_i X_i + \sum_{i=1}^{n} c_i X_i^2 + \sum\sum d_{ij}X_i X_j \qquad (10\text{-}16)$$

其中，基本变量是 X，a、b_i、c_i、d_{ij} 为响应函数中的待定系数。

为了确定这些系数，需要借助试验设计的思想。在实际处理中一般采用最小二乘法来确定响应面函数中的待定系数，其基本思想就是式(10-16)中的真实值 Z 的误差平方和最小。

最小二乘法的确定的系数比较准确，但是增加了更多的结构分析工作量。可选用另外一种求函数近似表达式的方法——插值技术。即对于未知的连续函数 $g(X)$，只要知

道离散点 $\{x_i\}$ 处的函数值 $\{Z_i\}$ $(i=1,2,\cdots,m)$，即可由这些点插值构造一个简单明确的函数 $\overline{g}(X_i)=Z_i$。对于式(10-16)表示的响应函数，只需要 $2n+1$ 次试验就可通过插值技术确定其中的 $2n+1$ 个待定系数。

3) 蒙特卡罗法

在结构可靠度分析中，蒙特卡罗法就是以简单的方法随机地对每一个随机变量进行抽样，然后验证功能函数，判断结构是否失效。具体过程如下：

设结构功能函数 $Z=g(x)$，首先按照基本随机变量 $X=(X_1,X_2,\cdots X_n)^T$ 的联合概率密度 f_Z 对 X 进行抽样，用所得的样本值 x 计算功能函数 $Z=g(x)$。若 $Z<0$，则本次模拟中结构失效。若总共进行了 N 次模拟，失效次数为 n_f，根据概率论中的大数定律可知，结构失效概率 P_f 的估计值为：

$$\hat{P}_f = \frac{n_f}{N} \tag{10-17}$$

由式(10-5)可知，结构失效概率为：

$$P_f = \int_{\Omega_f} f_X(x)\mathrm{d}x = \int_{-\infty}^{+\infty} I[g_X(x)f_X(x)]\mathrm{d}x = E\{I[g_X(x)]\} \tag{10-18}$$

式中：$I(x)$——特征函数；

Ω_f——失效域。

规定当 $x<0$ 时，$I(x)=1$；当 $x\geq 0$ 时，$I(x)=0$。式(10-17)可以改写成：

$$\hat{P}_f = \frac{1}{N}\sum_{i=1}^{N} I[g_X(x_i)] \tag{10-19}$$

由数理统计理论可以容易证明 $\hat{P}_f$ 是 P_f 的无偏估计量。通常以置信度达到95%来保证蒙特卡罗法的计算精度，其允许误差 ε 为：

$$\varepsilon = \left[\frac{2(1-P_f)}{NP_f}\right]^{\frac{1}{2}} \tag{10-20}$$

式中：P_f——实现估计得失效概率，通常为 $10^{-3}\sim 10^{-5}$ 量级。

由式(10-20)可知，只要计算次数 N 足够大，误差就会越小，精度越高。在结构可靠度分析中，蒙特卡罗法被认为是一种准精确的计算方法，它放松了模型理想化的条件，回避了数学困难，更适合进行计算，但是不足之处也很明显，计算量较大。蒙特卡罗法常作为相对精确解。

10.2 基于累积损伤法则的疲劳可靠度

10.2.1 Miner 线性累积损伤法则与极限状态方程

目前用于描述材料疲劳损伤的法则多达 20 余种,其中比较有影响的有:基于热力学势的疲劳累积损伤 Chaboche 法则、Marco-Starkey 非线性疲劳累积损伤法则和混沌(Chaos)疲劳法则等。这些疲劳损伤法则都有各自的优缺点,但均因理论性强,使用限定条件较多,公式形式过于复杂,导致工程中应用难度大。目前应用最广泛的损伤累积法则是 Palmgram-Miner 法则(简称 Miner 法则),其数学形式简洁,限定条件少,因而在疲劳损伤分析中被广泛应用。

用于局部应力-应变疲劳分析的 Miner 法则有两个重要假定:一是相同应变幅值的 n_i 个应力循环将线性累加,造成 n_i/N_i 的损伤,即消耗掉 n_i/N_i 部分疲劳寿命(其中 N_i 是在该应变幅值下进行常幅疲劳试验达到破坏的循环次数);二是当疲劳损伤按线性累加到某一数值时,构件就会发生疲劳断裂。Miner 法则认为各个应力循环是独立不相关的,而且不需要考虑荷载次序和残余应力的复杂非线性的相互影响,这使得疲劳损伤问题大大简化。

根据 Miner 线性累积损伤法则,构件在循环荷载作用下的累积损伤 D 的计算公式表示为:

$$D = \frac{n_1}{N_1} + \frac{n_2}{N_2} + \cdots + \frac{n_n}{N_n} = \sum_{i=1}^{n} \frac{n_i}{N_i} \tag{10-21}$$

式中:n_i——特定应力值 S_i 所对应的循环次数;

N_i——常幅疲劳 S-N 曲线中应力值 S_i 对应的疲劳寿命。

将疲劳强度曲线 $NS^m = C$ 方程代入式(10-21),同时考虑到拱桥吊杆所受的循环应力幅值是连续变化的,引入等效应力幅 S_{eq} 可得:

$$D = \sum_{i=1}^{n} \frac{n_i}{N_i} = \sum_{i=1}^{n} \frac{n_i}{CS_i^{-m}} = \frac{N}{C} S_{eq}^m \tag{10-22}$$

式中:N——构件经历累积循环总数,$N = \sum n_i$。

根据 Miner 线性损伤法则的第二条假定,当累积损伤值 D 大于临界值 D_c 时,就判定

构件破坏失效,有:

$$D \geqslant D_c \quad (10\text{-}23)$$

在随机车辆荷载作用下,悬索桥或系杆拱桥吊杆疲劳破坏过程是吊杆构件随机累积过程,如果定义构件使用时间内的累积损伤为 $D(X)$,可得计算疲劳可靠度的极限状态方程:

$$g(X) = D_c - D(X) = D_c - \frac{N}{C} S_{eq}^m \quad (10\text{-}24)$$

式中:X——随机变量。

如果定义构件失效的临界应力循环总数为 N_c,由式(10-24)可得构件可靠度另一种极限状态方程:

$$g(X) = N_c(X) - N = \frac{CD_c}{S_{eq}^m} - N \quad (10\text{-}25)$$

获取式(10-24)或式(10-25)的各随机变量的分布类型和统计参数后,就可利用可靠度理论方法确定构件的可靠度。

10.2.2 大跨桥梁吊杆疲劳可靠度计算参数获取

1)吊杆的 S-N 曲线

大量疲劳试验表明,一般钢材和铸铁等材料的双对数坐标系上的 S-N 曲线,可近似地看作为由两条直线组成。疲劳研究中用来表达平均应力和应力幅等之间的关系经验公式有 Goodman 直线方程、Gerber 抛物线方程、Soderberg 直线方程和 Shieliasan 折线方程等。这里采用更为常用的 Goodman 方程修正吊杆的 S-N 曲线。Goodman 方程为:

$$\frac{S_a}{S_{-1}} + \frac{S_m}{\sigma_b} = 1 \quad (10\text{-}26)$$

式中:S_a——疲劳极限应力幅;

S_{-1}——对称循环下的疲劳极限;

S_m——平均应力;

σ_b——抗拉强度。

根据设计资料,大桥吊杆所用的镀锌钢丝的应力极限为 1670MPa,S-N 曲线方程为:

$$\lg N = 10.0996 - 1.4068 \lg S \quad (10\text{-}27)$$

取 $N = 2 \times 10^6$ 时,代入式(10-27)可求得 $S = 501.35$MPa,根据式(10-26)可得平均应

力 S_m 的平行钢丝疲劳极限应力幅为：

$$S_a = 501.35(1 - \frac{S_m}{\sigma_b}) \tag{10-28}$$

吊杆平行钢丝在平均应力 S_m 时，S-N 曲线可以表达为：

$$\lg N = d - 1.40681 \lg S \tag{10-29}$$

式中，

$$d = \lg(2 \times 10^6) + 1.4068 \lg \left[501.35(1 - \frac{S_m}{\sigma_b}) \right]$$

$$= 10.0996 + 1.4068 \lg(1 - \frac{S_m}{\sigma_b}) \tag{10-30}$$

对于只受理想疲劳荷载作用的吊杆，吊杆的疲劳寿命可以采用吊杆材料的 S-N 曲线进行评估研究。最终得到适用于大桥吊杆的 S-N 曲线公式：

$$\lg N = 10.0966 + 1.4068 \lg(1 - \frac{S_m}{1670}) - 1.40681 \lg S \tag{10-31}$$

由式(10-31)可知，只要确定每个吊杆在车流荷载作用的平均应力 S_m 即可获得参数 C，计算公式如下：

$$C = 10^{[0.0966 + 1.4068 \lg(1 - \frac{S_m}{1670})]} \tag{10-32}$$

2) 等效应力幅 S_{eq} 和累积循环次数 N

由于车辆荷载是随机的，荷载谱作用下产生的应力循环是变幅应力循环。在变幅应力循环中存在大量的低应力幅循环，这些低应力幅循环也会影响吊杆的疲劳损伤。为了考虑小应力幅循环对吊杆的影响，可通过损伤度相当的原则将变幅应力循环转化为常幅应力循环。假设有一个定值应力幅 S_{eq}，经历与变幅应力同样的 $\sum n_i$ 次循环后构件发生破坏，由疲劳强度曲线方程 $NS^m = C$ 可得：

$$\sum n_i (S_{eq})^m = C \tag{10-33}$$

不计荷载互相作用的疲劳分析，可假定变幅疲劳与常幅疲劳的疲劳曲线 S-N 有相同的线性关系，则可以认为变幅疲劳每一组应力幅满足方程：

$$N_i (S_i)^m = C \tag{10-34}$$

由式(10-33)和式(10-34)可得：

$$\frac{\sum n_i}{N_i} = \frac{(S_i)^m}{(S_{eq})^m} \qquad (10\text{-}35)$$

根据 Miner 理论,将式(10-33)和式(10-35)代入式(10-21)可得:

$$D = \sum \frac{n_i}{N_i} = \sum \frac{n_i}{\sum n_i} \times \frac{\sum n_i}{N_i} = \sum \frac{n_i}{\sum n_i} \times \frac{(S_i)^m}{(S_{eq})^m} \qquad (10\text{-}36)$$

令 $D=1$,将式(10-36)变形,即可得到等效应力幅:

$$S_{eq} = \left[\sum \frac{n_i (S_i)^m}{\sum n_i} \right]^{\frac{1}{m}} \qquad (10\text{-}37)$$

本书计算吊杆疲劳可靠度时,将等效应力幅视为随机变量,这样做与实际情形更为相符。为了得到吊杆每日等效应力幅的统计特性,利用车流模拟程序和 ANSYS 加载分析得到了 100 组(d)吊杆应力时程数据。将每组数据经过雨流计数法程序处理后得到应力幅,利用式(10-37)计算等效应力幅,其中 m 按照式(10-31)给出的 $S\text{-}N$ 曲线方程取值为 1.4068,得到吊杆的 100 组等效应力幅 S_{eq} 数据,最后利用 MATLAB 软件的统计工具箱获取 S_{eq} 的概率分布和类型。整个过程如图 10-3 所示。

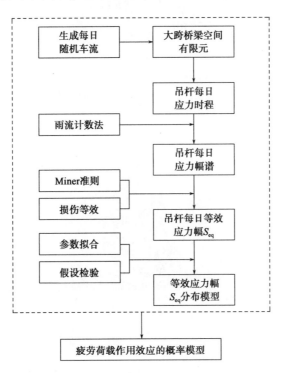

图 10-3　吊杆疲劳荷载作用效应流程图

10.2.3 车辆荷载作用下系杆拱桥吊杆可靠度计算

1）吊索荷载效应参数

根据上述分析结果与流程，进行瀛洲大桥吊杆可靠度分析。以端部垂直吊杆 Z1 为例，图 10-4 为该吊杆的等效应力幅分布直方图。采用分布拟合检验方法中的 K-S 拟合检验法，用正态分布和对数正态分布进行拟合检验，检验结果显示两者均能较好拟合，本书选择正态分布，拟合效果如图 10-5 所示。

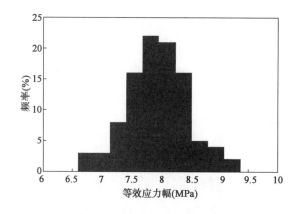

图 10-4　吊杆 Z1 等效应力幅分布

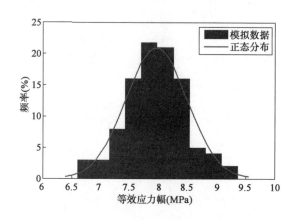

图 10-5　等效应力幅正态分布拟合

为了方便分析，引入日循环次数 N_d，则累积循环次数 $N = 365 \cdot N_d$。基于与等效应力幅同样的原因，将日循环次数 N_d 也视为随机变量，采用与等效应力幅 S_{eq} 近似分析过程，得到各吊杆的日循环次数概率分布参数。同样以吊杆端部垂直吊杆 Z1 为例。经 K-S

拟合检验,日循环次数 N_d 概率分布同样较好地服从正态分布,其分布直方图和正态拟合分别如图 10-6 和图 10-7 所示。

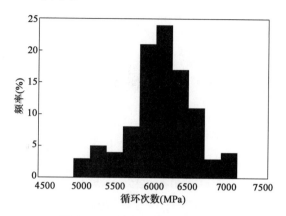

图 10-6　吊杆 Z1 循环次数分布

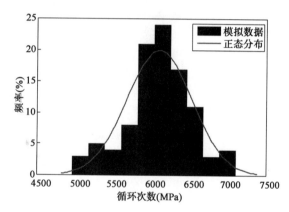

图 10-7　循环次数正态分布拟合

表 10-1 给出了部分吊杆的等效应力幅 S_{eq} 和循环次数 N_d 的统计参数。将同一横断面吊杆的参数进行对比,可以看出斜吊杆的等效应力幅均值均大于垂直吊杆的等效应力幅均值,特别是斜吊杆 X3 的等效应力幅均值约是垂直吊杆 Z3 的 2 倍。分析吊杆循环次数均值数据得出的结论与第 3 章应力时程分析的结果一致,在此不再赘述。

部分吊杆荷载效应统计参数表　　　　表 10-1

吊杆类型	编号	等效应力幅 S_{eq}(MPa)		循环次数 N_d	
		均值 μ	标准差 σ	均值 μ	标准差 σ
垂直吊杆	Z1	8.1026	0.7912	6223	721
	Z3	8.9805	0.8531	5993	809
	Z4	9.0718	0.7439	5461	710
	Z7	10.6626	1.0805	4187	520

2) 平均应力 S_m 和参数 C

有了各吊杆的等效应力幅,就可完成平均应力 S_m 的计算。吊杆的平均拉应力 S_m 由两部分组成:一部分为恒载作用的拉应力,一部分为交变应力幅均值的一半,本书按等效应力幅均值的一半进行取值计算。将所得 S_m 代入式(10-34)后可得到考虑平均应力后的 S-N 曲线的参数 C。部分吊杆的平均应力 S_m 和参数 C 的计算结果见表 10-2。从表 10-2 中可以看出,平均应力越大,参数 C 数值越小,而参数 C 数值越小,构件在某一应力幅下的疲劳寿命 N 越小,所以可以看出平均拉应力对吊杆的疲劳寿命是有害的,不可忽视。

部分吊杆的平均应力和参数 C 表 10-2

吊杆类型	编号	平均应力(MPa)	修正后参数 C
垂直吊杆	Z1	468.5009	7.9148×10^9
	Z3	407.8894	8.4822×10^9
	Z4	402.9201	8.5292×10^9
	Z7	308.4576	9.4371×10^9

3) 累积损伤限值 D_c

传统的 Miner 法则忽略应力幅作用次序对构造细节疲劳损伤的影响,且认为低于常幅疲劳极限的应力幅不产生疲劳损伤效应,故 Miner 法则中认为临界累积损伤值 D_c 近似等于1。但是工程实践证明,构件在发生疲劳破坏时,累积损伤值 D_c 不一定等于1,大于1或小于1的情况都有出现,故应将 D_c 视为具有统计特性的随机变量。参照相关文献可知,D_c 服从对数正态分布,均值 $\mu_N = 1$,变异系数 $\delta_N = 0.3$。至此,计算吊杆疲劳可靠度所有变量的参数都已经确定。

4) 吊杆可靠度计算

本节选择累积损伤法计算可靠度,可靠度指标计算方法采用重要抽样法。重要法属于蒙特卡罗法的改进方法,该方法将一次二阶矩法和蒙特卡罗法相结合,提高了抽样效率,缩短了计算时间,精度上也有所保证。该方法首先可以使用一次二阶矩法求得验算点,然后将该验算点作为蒙特卡罗法可靠度计算法的抽样中心,从而改变抽样区域,增加样本点落入失效域的机会,由于该方法会造成方差缩减,故计算函数的时间大大缩短了。图 10-8～图 10-11 给出了部分吊杆的可靠度指标随着服役年限变化趋势图。我国现行的公路桥梁设计规范还没有针对系杆拱桥吊杆的疲劳可靠度的明确规定,因此,本书在选取目标可靠度指标时选用关于钢构件的疲劳目标可靠度,见

表 10-3。按照安全等级 I 级取目标可靠度指标 $\beta = 3.5$ 进行系杆拱桥吊杆疲劳可靠度的评估。

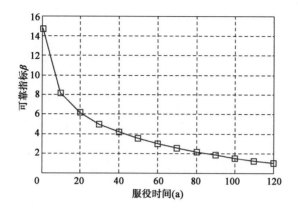

图 10-8　垂直吊杆 Z1 时变可靠度指标

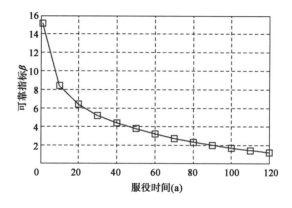

图 10-9　垂直吊杆 Z3 时变可靠度指标

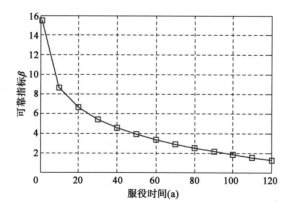

图 10-10　垂直吊杆 Z4 时变可靠度指标

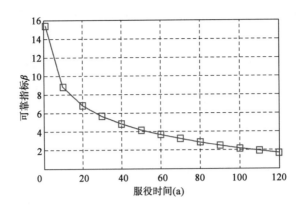

图 10-11　垂直吊杆 Z7 时变可靠度指标

公路桥梁的疲劳目标可靠度　　　　　　　表 10-3

结构安全等级	Ⅰ	Ⅱ	Ⅲ
可靠度指标 β	2.33 ~ 3.5	3.0 或 3.5	1.65 或 3.72

从图 10-8 ~ 图 10-11 可以看出,各吊杆的可靠度指标随着服役时间的增长而逐渐减小。单纯看垂直吊杆或是斜吊杆,可靠度指标在某一年限的可靠度指标随着位置改变大体呈现从端部向跨中逐渐上升的变化趋势,只是垂直吊杆的这种变化幅度较小,不太明显。比较图 10-8 ~ 图 10-11 后,可以看出位于同一横断面位置的吊杆,在相同的服役时间,斜吊杆的可靠度指标要比垂直吊杆的低。垂直吊杆的可靠度指标大约 60 ~ 70a 左右就减小到了目标可靠度指标 3.5 以下,而斜吊杆要比同一横断面位置上的垂直吊杆提前 10a 甚至 20a。

10.2.4　考虑腐蚀与车辆荷载共同作用下的吊杆可靠度计算

虽然桥梁设计要求对吊杆采取保护措施,但是不可否认这种保护不能杜绝吊杆内发生腐蚀损伤,腐蚀后钢丝疲劳性能会有很大程度降低。

目前,国内关于吊杆钢丝腐蚀疲劳方面的研究较少,缺乏可便于应用到吊杆可靠度计算的较为权威的理论方法。本书参考美国得克萨斯州立大学 Paulson 等针对破损截面处钢绞线疲劳问题的试验研究。Paulson 等的试验结果表明,破损截面处的钢绞线的极限疲劳应力幅可取为正常状况下极限应力幅的 0.73 倍,并给出了腐蚀疲劳强度随时间变化的公式:

$$S_f = 0.73\gamma S \tag{10-38}$$

式中:S_f——腐蚀后钢绞线疲劳极限应力幅;

γ——反应腐蚀下降速率的变量,可通过试验测定。参照相关文献,可知,$\gamma = e^{-\lambda t}$, λ 取值范围为$(0 \sim 0.3)$,t 为服役年限。

根据 S-N 曲线的特性,腐蚀后吊杆钢丝疲劳寿命曲线 S-N 在双对数坐标系中的直线斜率可以近似认为与无腐蚀钢丝的斜率相同,将式(10-38)代入式(10-31)后可得:

$$\lg N = 9.9043 + 1.4068\lg(1 - \frac{S_m}{1670}) + 1.4068\lg\gamma - 1.4068\lg S_f \quad (10\text{-}39)$$

可靠度分析所需要的 C 就成了随着服役年限不断变化的量。

选择垂直吊杆 Z3 为例,假设大桥服役刚开始,吊杆就存在腐蚀损伤,λ 取值为 0.05。图 10-12 给出了垂直吊杆 Z3 在未考虑和考虑腐蚀两种情况下的疲劳可靠度指标随时间的变化曲线。从图 10-12 中可以明显看到,在考虑腐蚀的条件下,吊杆的可靠度指标曲线明显下移,并随着时间的推移,下降幅度增大,25a 左右降到了目标可靠度指标以下,说明腐蚀损伤对吊杆的疲劳性能影响非常大,在大桥设计和维护中要予以考虑。

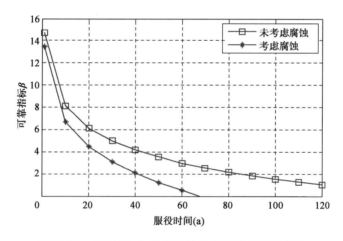

图 10-12 吊杆 Z3 未考虑和考虑腐蚀的疲劳可靠度

10.3 基于威布尔分布概率的疲劳可靠度

10.3.1 威布尔分布及可靠度计算方法

近 20 年来,为适应疲劳可靠性设计的要求,概率疲劳理论有了很大的发展。目前,用于疲劳寿命分析可靠性的分布函数主要有两类:正态分布和威布尔分布。对于中短期疲劳寿命情况,采用正态分布理论分析效果较好,而威布尔分布的适用范围不限于中短期疲劳寿命情况,实践中利用威布尔分布处理循环次数 10^6 以上的疲劳寿命估计往往结果较为理想。通常吊杆在其使用期内的应力循环次数远高于 10^6 这一数量级,因此,本书选择威布尔(Weibull)分布进行吊杆可靠度研究。双参数威布尔概率密度函数见式(10-40):

$$f(N) = \frac{k}{c}\left(\frac{N}{c}\right)^{k-1} e^{-\left(\frac{N}{c}\right)^k} \tag{10-40}$$

式中:k、c——待定参数,参数 k 为形状因子,参数 c 为特征寿命;

N——疲劳寿命,以循环次数表示。

相应的概率分布函数为:

$$F(N) = \int_0^N f(N)\,\mathrm{d}N = 1 - e^{-\left(\frac{N}{c}\right)^k} \tag{10-41}$$

结构在循环次数区间 $(0,N)$ 内不发生失效的可靠度函数为:

$$P_\mathrm{r} = 1 - F(N) = e^{-\left(\frac{N}{c}\right)^k} \tag{10-42}$$

由此可以推导出结构疲劳寿命 N 的均值 μ_N、标准差 σ_N 和变异系数 δ_N 分别为:

$$\mu_\mathrm{N} = c\Gamma\left(1 + \frac{1}{k}\right) \tag{10-43}$$

$$\sigma_\mathrm{N} = c\left[\Gamma\left(1 + \frac{2}{k}\right) - \Gamma^2\left(1 + \frac{1}{k}\right)\right]^{\frac{1}{2}} \tag{10-44}$$

$$\delta_\mathrm{N} = \frac{\sigma_\mathrm{N}}{\mu_\mathrm{N}} = c\left[\Gamma\left(1 + \frac{2}{k}\right) - \Gamma^2\left(1 + \frac{1}{k}\right)\right]^{\frac{1}{2}} \Big/ c\Gamma\left(1 + \frac{1}{k}\right) \tag{10-45}$$

式中,$\Gamma(\cdot)$ 为伽马函数,是阶乘函数在实数与复数上的扩展。对于实数部分为正的复数 x,伽马函数定义为 $\Gamma(x) = \int_0^\infty e^{(-t)} t^{x-1} \mathrm{d}t$。威布尔分布变量 N_p 大于某一数值 N_q 的概率 P,即存活率为:

$$P(N_\mathrm{p} > N_\mathrm{q}) = \int_{N_\mathrm{q}}^\infty f(N_\mathrm{p})\,\mathrm{d}N_\mathrm{p} = e^{-\left(\frac{N_\mathrm{q}}{c}\right)^k} \tag{10-46}$$

式(10-46)两边各取两次自然对数可化简得到:

$$\ln c = \ln N_\mathrm{q} - \frac{1}{k}\ln\ln\left(\frac{1}{p}\right) \tag{10-47}$$

到此引入 S-N 曲线,S-N 曲线的存活率为 50%,即 $p = 0.5$,于是式(10-47)可变换为:

$$\ln c = \ln(S^{-m}C) - \frac{1}{k}\ln\ln(2) \tag{10-48}$$

将式(10-48)代入式(10-42)得到疲劳可靠度公式：

$$P_r = e^{-\left[\frac{N}{CS^{-m}e^{(-\ln\ln 2/k)}}\right]^k} \tag{10-49}$$

对于形状因子 k，参照相关文献给出的经验公式 $k = \delta_N^{-1.08}$，变异系数 δ_N 可取其均值为 0.53。根据式(10-49)可知，计算吊杆的可靠度需要确定吊杆的应力幅值 S。对于吊杆的变应力循环，应将 S 替换为等效应力幅 S_{eq}，得到最终疲劳可靠度计算公式：

$$P_r = e^{-\left[\frac{N}{CS_{eq}^{-m}e^{(-\ln\ln 2/k)}}\right]^k} \tag{10-50}$$

从式(10-50)可以看出，只要确定了等效应力幅 S_{eq}、S-N 曲线的参数 C 和循环次数 N 就可以完成可靠度的计算。

10.3.2 威布尔分布吊杆疲劳可靠度计算

利用威布尔分布进行可靠度分析所需要的各种参数已经在前文中得到。在此，以需要重点关注的端部斜吊杆 X3 为例采用威布尔分布计算可靠度。此次计算不考虑腐蚀。为了便于与累积损伤法计算结果进行比较，根据式(10-51)：

$$\beta = \Phi^{-1}(P_r) \tag{10-51}$$

将可靠度 P_r 转化为可靠度指标，计算结果如图 10-13 所示。

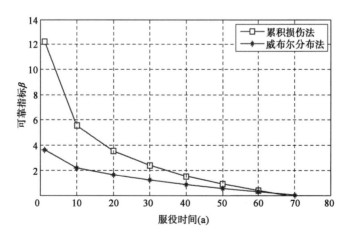

图 10-13 斜吊杆 X3 两种方法的可靠度指标

从图(10-51)中可以看出，两种方法生成可靠度指标曲线变化趋势相同，当服役时间超过 50a 后两条曲线基本重合，70a 后两种方法计算的可靠度指标数值都达到 0，对应的失效概率为 0.5，吊杆呈现大概率失效。但是两条曲线特别是在开始的 30a，可靠度指标相差很大,这可能是因为采用威布尔分布方法计算时,重要变量取均值计算,较实际情况是保守取值,而且采用 $\beta = \Phi^{-1}(P_r)$ 进行换算也存在一定的误差。在利用威布尔分布概率模型推导可靠度计算方法过程中,部分参数取值是参考钢构件的研究成果,也有可能是造成这种较大差异的原因。从图 10-13 中可以看出,两种方法的可靠度指标的差值随着服役时间的推移逐渐减小。

作者认为,虽然威布尔分布概率计算结果初始值偏低,但是不妨碍其应用到吊杆疲劳可靠度计算分析中,建议使用该方法分析系杆拱桥吊杆疲劳可靠度时,可以将目标可靠度指标适当降低或者分时间段设定可靠度目标。由于该方法计算较为简单,不失为一种很好的补充分析方法。

参考文献

[1] 张劲泉,李鹏飞,董振华,等.服役公路桥梁可靠性评估的若干问题探究[J].土木工程学报,2019,52(S1):159-173.

[2] 冯兆祥,缪长青,钟建池.大跨桥梁安全监测与评估[M].北京:人民交通出版社,2010.

[3] 张劲泉,李承昌,郑晓华,等.桥梁拉索与吊索[M].北京:人民交通出版社,2013.

[4] 王文涛.斜拉桥换索工程[M].北京:人民交通出版社,2006.

[5] 朱劲松,邑强.拱桥新型吊杆安全性及其静动力影响研究[J].桥梁建设,2011,1:39-42.

[6] 吴骏,郭文华.公轨两用拱桥吊杆疲劳多因素分析[J].铁道科学与工程学报,2012,9(1):74-78.

[7] 陈兵,赵雷,杨弘,等.拉萨柳梧大桥吊杆疲劳寿命研究[J].铁道建筑,2007(4)6-8.

[8] 马林.国产1860级低松弛预应力钢铰线疲劳性能研究[J].铁道标准设计,2000,20(5):21-23.

[9] 张晓昕,朱贺,刘遥路,等.基于监测数据的拱桥吊杆疲劳寿命评估方法及其应用[J].防灾减灾工程学报,2010,30(2):314-317.

[10] 吴进星,刘恩德.桥梁吊杆断裂原因及预警技术研究[J].西部交通科技,2013(5)51-55.

[11] 王力力,易伟建.斜拉索的腐蚀案例与分析[J].公路工程,2007,32(1):93-98.

[12] Shun-ichi Nakamura, Keita Suzumura, Toshimi Tarui. Mechanical Properties and Remaining Strength of Corroded Bridge Wires[J]. Structural Engineering International, 2004, 14(1):50-54.

[13] Keita Suzumura, Shun-ichi Nakamura. Environmental factors affecting corrosion of

galvanized steel wires[J]. Materials in Civil Engineering,2004.16(1):1-7.

[14] BARTON S C,VERMAAS G W,DUBY P F,et al. Accelerated corrosion and embrittlement of high-strength bridge wire[J]. Journal of Materials in Civil Engineering,2000,12(1):33-38.

[15] BETTI R,WEST A C,VERMAAS G,et al. Corrosion and embrittlement in high-strength wires of suspension bridge cables[J]. Journal of Bridge Engineering,2005,10(2):151-162.

[16] 徐俊,陈惟珍,刘学.斜拉索退化机理及钢丝力学模型[J].同济大学学报:自然科学版,2008,36(7):911-915.

[17] XU J, CHEN W Z. Behavior of wires in parallel wire stayed cable under general corrosion effects[J]. Journal of Constructional Steel Research,2013,85(3):40-47.

[18] 兰成明,李惠,鞠杨.平行钢丝拉索承载力评定[J].土木工程学报,2013,46(5):31-38.

[19] NAKAMURA S,SUZUMURA K. Experimental Study on Fatigue Strength of Corroded Bridge Wires[J]. J. Bridge Eng. , 2012, 18(3):200-209.

[20] 李晓章,谢旭,潘骁宇,等.拱桥吊杆锈蚀高强钢丝疲劳性能试验研究[J].土木工程学报,2015,48(11):68-76.

[21] 郑祥隆,谢旭,李晓章.锈蚀钢丝疲劳断口分析与寿命预测[J].中国公路学报,2017,30(4):79-86.

[22] 兰成明,徐阳,任登路,等.平行钢丝斜拉索疲劳性能评定:钢丝疲劳寿命模型[J].土木工程学报,2017,50(6):62-70.

[23] 兰成明,任登路,徐阳,等.平行钢丝斜拉索疲劳性能评定:斜拉索疲劳寿命模型[J].土木工程学报,2017,50(7):69-77.

[24] LAN C M, XU Y, LIU C P, et al. Fatigue life prediction for parallel-wire stay cables considering corrosion effects[J]. International Journal of Fatigue, 2018, 114(5):81-91.

[25] 吴冲,蒋超,姜旭.预腐蚀桥梁缆索高强钢丝疲劳试验[J].同济大学学报,2018,46(12):1622-1627.

[26] JIANG C, WU C, JIANG X. Experimental study on fatigue performance of corroded high-strength steel wires used in bridges[J]. Construction and Building Materials, 2018,187(8):681-690.

[27] 龚帆,齐盛珂,邹易清,等.锈蚀高强钢丝力学性能退化的试验研究[J].工程力学,2020(10)105-115.

[28] CHEN A, YANG Y, MA R, et al. Experimental study of corrosion effects on high-strength steel wires considering strain influence[J]. Construction and Building Materials,2020, 240:117910.

[29] 孙传智.索承式桥梁腐蚀吊索安全性能与疲劳寿命评估[D].南京:东南大学,2013.

[30] 王义春.腐蚀环境下桥梁拉(吊)索力学性能研究[D].南京:东南大学,2013.

[31] 尉廷华.大跨桥梁缆索钢丝的腐蚀疲劳研究[D].南京:东南大学,2014.

[32] 蒋超,吴冲,姜旭.桥梁缆索高强钢丝均匀腐蚀及点蚀的规律[J].同济大学学报,2018,46(12):1665-1621.

[33] LI S L, XU Y, ZHU S Y, et al. Probabilistic deterioration model of high-strength steel wires and its application to bridge cables[J]. Structure and Infrastructure Engineering,2015, 11(9):1240-1249.

[34] XU Y,LI H,LI S L, et al. 3-D modelling and statistical properties of surface pits of corroded wire based on image processing technique[J]. Corrosion Science,2016,111(10):275-287.

[35] 姚国文,刘超越,吴国强.酸雨环境-荷载耦合作用下拉索腐蚀损伤机理研究[J].重庆交通大学学报,2016,35(6):6-10.

[36] YANG S C, YAO G W. Observations on the damage behaviors of corrosion fatigue in steel strands based on image analysis[J]. Advances in Mechanical Engineering,2017,9(12):1-10.

[37] MIAO C Q, YU J, MEI M X. Distribution law of corrosion pits on steel suspension wires for a tied arch bridge[J]. Anti-Corrosion Methods and Materials, 2016,63(3):166-170.

[38] 缪长青,尉廷华,王义春,等.大跨桥梁缆索钢丝的腐蚀速率试验研究[J].西南交通大学学报,2014,49(3):513-518.

[39] MIAO C Q,ZHUANG M L, DONG B. Bridge cable wire stress corrosion test and study based on response surface method[J]. Strenth of Materials,2019,51(4):646-652.

[40] SHI G C,TANG X S,LI Z X,et al. Fatigue crack growth behavior of cables and steel wires for the cable-stayed portion of runyang bridge:disproportionate loosening and/or

tightening of cables[J]. Theoretical and Applied Fracture Mechanics,2008,49(1):1-25.

[41] KAZUHIRO M, MARIOS C, SHUNICHI N. Experimental assessment of the fatigue strength of corroded bridge wires using non-contact mapping techniques[J]. Corrosion Science, 2020, 178:109047.

[42] MA Y, WANG G, GUO Z, et al. Critical region method-based fatigue life prediction of notched steel wires of long-span bridges[J]. Construction and Building Materials, 2019, 225:601-610.

[43] YE H, DUAN Z, TANG S, et al. Fatigue crack growth and interaction of bridge wire with multiple surface cracks[J]. Engineering Failure Analysis, 2020, 116:104739.

[44] 叶华文,黄云,王义强,等.基于临界域法的桥梁钢丝腐蚀疲劳寿命[J].西南交通大学学报,2015,50(2):294-299.

[45] ZHENG X L, XIE X, LI X Z. Experimental Study and Residual Performance Evaluation of Corroded High-Tensile Steel Wires[J]. Journal of Bridge Engineering, 2017, 22(11): 04017091.

[46] XUE S, SHEN R, CHEN W, et al. Corrosion fatigue failure analysis and service life prediction of high strength steel wire[J]. Engineering Failure Analysis, 2020, 110:104440.

[47] XUE S, SHEN R. Corrosion-Fatigue Analysis of High-Strength Steel Wire by Experiment and the Numerical Simulation[J]. Metals, 2020, 10:734.

[48] LI R, MIAO C Q, WEI T H. Experimental study on corrosion behaviour of galvanized steel wires under stress[J]. Corrosion Engineering Science and Technology,2020, 55(5):1-12.

[49] MIAO C Q, LI R, YU J. Effects of characteristic parameters of corrosion pits on the fatigue life of the steel wires[J]. Journal of Constructional Steel Research, 2020,168: 105879.

[50] LI R, MIAO C Q, YU J. Effect of characteristic parameters of pitting on strength and stress concentration factor of cable steel wire[J]. Construction and Building Materials, 2020, 240: 117915.

[51] 乔燕,缪长青,孙传智,等.基于子模型法的带有表面裂纹钢丝应力强度因子研究[J].计算力学学报,2017,34(2):238-243.

[52] 朱劲松,肖汝诚,何立志.大跨度斜拉桥拉索安全评估的概率方法[J].东南大学学报(英文版),2007,23(1):92-97.

[53] 于杰.腐蚀环境下桥梁拉索疲劳可靠性研究[D].南京:东南大学,2016.

[54] 孙传智,缪长青,李爱群.异型系杆拱桥结构运营期间健康监测系统研究[J].公路,2012(1)58-61.

[55] 孙传智,李爱群,缪长青,等.考虑随机交通流量的润扬大桥钢箱梁疲劳应力监测及寿命分析[J].中外公路,2012,32(02):93-97.

[56] 孙传智,李爱群,缪长青,等.基于响应面法的系杆拱桥吊杆初内力优化[J].中国公路学报,2012,25(03):94-99.

[57] 缪长青,尉廷华,梅明星,等.一种便携式金属线材拉伸应力腐蚀试验装置:201410264150.3[P].2014-06-13.

[58] 毕磊.系杆拱桥吊杆腐蚀疲劳与安全性研究[D].南京:东南大学,2010.

[59] 陈先亮.桥梁索体钢丝腐蚀特征和力学性能试验研究[D].南京:东南大学,2015.

[60] 田洪金.异形钢管混凝土系杆拱桥吊杆可靠度研究[D].南京:东南大学,2015.

[61] 夏叶飞,李峰峰,顾煜,等.基于WIM系统的高速公路桥梁车辆疲劳荷载谱研究[J].公路交通科技,2014,31(3):56-64.